Camilla Jensen

FRÜHSTÜCK

Camilla Jensen

FRÜHSTÜCK

FREIES GEISTESLEBEN

Aus dem Norwegischen von Maike Dörries
Fotos: Camilla Jensen

1. Auflage 2012

ISBN 978-3-7725-2530-8

Verlag Freies Geistesleben
Landhausstraße 82 · 70190 Stuttgart
Internet: www.geistesleben.com

Die Originalausgabe erschien 2011 unter dem Titel *Frokost*
im Gyldendal Norsk Forlag, Oslo

Deutsche Ausgabe:

Umschlagentwurf: Thomas Neuerer
Repro: RenessanseMedia AS, Asker 2011
Gesetzt aus der Baskerville und der Gill
Gesamtherstellung: EGEDSA, Sabadell
Printed in Spain

Inhalt

Guten Morgen!

Bei der Suche nach Alternativen zu einer Mahlzeit, von der wir feste, gewohnte Vorstellungen haben, geht es wahrscheinlich darum, umzudenken, neu zu denken sowie neue Gerichte und Rezepte kennenzulernen. Ich glaube, das eigentliche Rezept für ein gutes Frühstück basiert auf unserer Vorstellung, die wir von der ersten Mahlzeit des Tages haben: Was wollen wir uns Gutes damit tun – an Leib und Seele? Für derartige Überlegungen ist es gut zu wissen, warum wir essen und was die Nahrung mit und für unseren Körper macht.

Der menschliche Körper hat seinen eigenen Rhythmus. Während des Tages laufen verschiedene physiologische Prozesse in uns ab, die sowohl von unserem persönlichen Tagesrhythmus wie auch dem Tageszyklus der Erde gesteuert werden. Nachts kommen die tagsüber aktiven Prozesse zur Ruhe. Wir entledigen uns der Tagesreste auf unterschiedliche Weise – durch Regeneration, Reinigung und Stoffwechsel. Am Morgen ist der Körper wieder aufnahmebereit für neue Energie von außen, er braucht neue Bausteine und Wirkstoffe aus der Nahrung. Wir sollten uns gut rüsten für den Tag, der vor uns liegt, ob wir groß oder klein sind, jung oder alt, dünn oder dick, und egal, ob wir den Tag zum Arbeiten nutzen, in der Schule sitzen, auf Kinder aufpassen, reisen, genesen, anderen helfen, den Tag einfach nur genießen oder darüber nachdenken, was wir später mal werden wollen. Die Energiemenge, die jeder Mensch braucht, ist naturgegeben individuell verschieden, aber etwas zu essen brauchen wir alle, und die fantastischen Organismen, die wir sind, sollten meiner Meinung nach nur mit den allerbesten Lebensmitteln versorgt werden.

Dieses Buch ist aus dem Bedürfnis entstanden, neue Frühstücksgewohnheiten zu entwickeln und die Inspiration beim Zubereiten nachhaltiger Lebensmittel anzuregen. Mit nachhaltigen Lebensmitteln meine ich eine Ernährung mit Zutaten, die dem Körper eine abwechslungsreiche Auswahl an Stoffen zuführt, die er braucht und auch tatsächlich verwerten kann und mit denen wir unser ganzes inneres Potenzial nutzen können. Eine nachhaltige Ernährung enthält keine Stoffe, die schädlich oder belastend für den Körper sind. Sie basiert auf Nahrungsmitteln, die unter natürlichen Rahmenbedingungen erzeugt wurden, ohne große Monokulturen, ohne Einsatz von Kunstdünger oder chemisch schädlichen Spritzmitteln. Und natürlich gründen sie auf fairen Produktionsbedingungen für diejenigen, die die Nahrungsmittel anbauen und verarbeiten, von denen wir leben.

Im Grunde bestehen wir – rein physisch – aus dem, was wir unserem Körper im Laufe eines Lebens durch die Nahrung zuführen.

Bei der Frage nach Tipps für ein schnelles und gesundes Frühstück muss ich passen, weil ich überzeugt bin, dass sich das Gute und Gesunde nicht zu etwas komprimieren lässt, das man rasch und ganz nebenbei zu sich nimmt, während unser Kopf mit etwas anderem beschäftigt ist. Wenn ich meinem Leben mehr Qualität geben will, muss ich Zeit investieren. Zeit ist ein relativer Begriff und bedeutet nicht, dass die Essenszubereitung extrem viel Zeit in Anspruch nehmen muss, sondern dass wir uns in der Zeit, die es braucht, ausschließlich auf das konzentrieren, was wir tun, und nicht bereits auf den nächsten Punkt unserer Liste. Vor allen Dingen sollten wir selber bestimmen, *wann* wir diese Zeit nutzen wollen. Ein gutes Frühstück muss nicht zwangsläufig am frühen Morgen zubereitet werden – warum nicht schon am Vorabend die Grundlage für einen guten Start in den nächsten Tag legen? Meine Rezepte sind einfach, weil es den meisten unter der Woche wichtig ist, sich nicht allzu lange bei den Vorbereitungen fürs Frühstück aufzuhalten.

Viele der hier beschriebenen Rezepte können jederzeit abgewandelt und nach Fantasie, Lust und Laune, Tagesform, Geschmack und Belieben erweitert werden.

Manche Lebensmittel finden in meiner Ernährung keine Verwendung mehr, nachdem ich festgestellt habe, dass es mir ohne sie viel besser geht. Für mich ist dabei weniger die Frage relevant, ob ich ohne sie auskomme, als vielmehr, ob ich einen guten Tag hätte, wenn ich eben diese Lebensmittel zu mir nähme. Vor diesem Hintergrund ist u.a. auch dieses Buch entstanden. Als Ernährungsberaterin und Kursleiterin werde ich oft gefragt, wie ein gutes Frühstück ohne solche Bestandteile aussehen kann, die aus unterschiedlichsten Gründen vom Ernährungsplan gestrichen werden. Die meisten Rezepte in diesem Buch sind deshalb glutenfrei und ohne Milch und Milchprodukte, Hefe oder Zucker zubereitet. Ein paar Ausnahmen, als Bestätigung der Regel sozusagen, gibt es trotzdem. Und falls Ihnen die Umstellung schwerfällt, denken Sie daran, dass Ihnen als Belohnung für die optimale Ernährung ein großer Energieüberschuss und zehnfaches Wohlbefinden winkt, eine Investition, die Sie mit der Zeit sicher zu schätzen lernen werden! Sie bekommen von mir Tipps und Rezepte für intelligentes, herrlich erfrischendes, stärkendes und fantastisch gutes Essen, zubereitet aus unverarbeiteten Zutaten von der Erde, auf der wir leben. Entscheiden Sie selbst, wo Sie anfangen wollen:
Smoothies und Lassi, Grütze und Knuspermüsli, Pfannkuchen, Obstsalate, allerlei Gekochtes, Eier in allen Farben und Formen, Superbrot, Scones, Muffins und Biscotti ohne Gluten, selbst gemachte Brotaufstriche und Marmeladen, Suppen und zu guter Letzt das lange, gemütliche Frühstück in netter Gesellschaft.

Sie werden feststellen, dass die investierte Zeit im Großen und Ganzen eine Bagatelle ist. Und vielleicht finden Sie ja sogar Gefallen daran!

Lebensmittel

Wenn ich die Möglichkeit habe, entscheide ich immer ökologisch. Weil ich überzeugt bin, dass Produkte, die natürlich angebaut werden, eine höhere Qualität haben und intensiver und besser schmecken als solche, die mit Kunstdünger und Spritzmitteln behandelt wurden. Und abgesehen von den Kenntnissen, die ich im Laufe der Zeit über Ernährung, Landwirtschaft, Produktion und Gesundheit gewonnen habe, bin ich überzeugt davon, dass diese Zutaten für mich und meine Kinder besser sind. Kurz: Naturgerechte Lebensmittel sind nachhaltig für die Erde und für uns, die wir sie bevölkern – darum plädiere ich dafür, sich ökologisch zu entscheiden, wenn man die Wahl hat; für Lebensmittel mit kurzen Transportwegen, die möglichst sanfte Spuren in der Umwelt hinterlassen. Aus Respekt vor denen, die die Nahrungsmittel anbauen und produzieren, die wir verzehren, ist es für mich selbstverständlich, fair einzukaufen. Wenn wir dort, wo wir einkaufen, nach nachhaltigen Waren fragen, geben wir ein wichtiges Signal an Produzenten, Großhändler und Lieferanten, dass wir echte Lebensmittel wollen, die fair und naturnah angebaut und produziert werden. So kann die Auswahl größer werden und die Waren werden einfacher zugänglich.

Bei der Zusammenstellung der Lebensmittel für dieses Buch fiel mir auf, dass viele Rezepte, quer durch alle Kategorien, fast gleiche Zutaten enthalten. Im Folgenden ein paar «Wiederholungstäter», die ich speziell hervorheben möchte.

Papaya: Vitamine A, C, E, K und B, Ballaststoffe, Antioxidantien und der Geschmack von Sonne! Probieren Sie den «roten Sonnenaufgang» auf S. 50.

Aprikose: Ich verwende hauptsächlich getrocknete Aprikosen, am liebsten die ungeschwefelten braunen. Sie enthalten Vitamin A und E, Antioxidantien, Ballaststoffe, Mineralstoffe und Spurenelemente. Mischen Sie sie in Müsli, Smoothies oder Lassi – oder kochen Sie die frische Marmelade auf S. 130.

Mango: eine Sonnenbombe voller Antioxidantien, Ballaststoffe, Vitamin A, C, E, K und B, Kupfer und Proteine. Passt gut in Obstsalate, Smoothies oder Mangolassi mit Kardamom (S. 98).

Feige: Frisch oder getrocknet steckt sie voller Mineralstoffe und Spurenelemente, Vitamin B, Ballaststoffe und Antioxidantien. Ich brauche getrocknete Feige für die Jahrhundertgrütze auf S. 46 und für die Feigenmarmelade (S. 131). Frische Feigen werden in Smoothies verarbeitet oder zu Rosenroter Feigenkonfitüre mit Limette auf S. 133.

Banane: Tun Sie sich was Gutes mit Vitamin C und B, Mangan, Magnesium, Kalium und Ballaststoffen. Standardzutat in vielen Smoothies, in der

Grütze oder im Bananen-Kardamom-Brot auf S. 124.

Avocado: eine schmackhafte und fette grüne Umarmung voller Antioxidantien, guter Fettsäuren, Vitamin C, E, K und B, Ballaststoffe, Proteine und die entscheidende Zutat für die Avocadobutter auf S. 128. Probieren Sie sie auch in Smoothies oder auf einem selbst gebackenen Knäckebrot mit Körner-Kerne-Mix (S. 108).

Ananas: eine reiche Quelle für Vitamin C und B, Mangan, Kupfer, Chrom, Magnesium und Ballaststoffe, Antioxidantien und entzündungshemmende Wirkstoffe. Ananas gehört in das Smoothie «Ananas in grüner Spitze» (S. 91) und passt in jeden Obstsalat.

Granatapfel: Der Apfel im Paradies soll ein großer, saftig roter und verlockender Granatapfel gewesen sein. Und Gott sei Dank, dass wir dieses Juwel unter den Früchten kennenlernen durften! Geschmacksintensiv, hübsch anzuschauen und gesättigt mit Vitamin K und B, Mangan, Kupfer, Kalium, Ballaststoffen und Antioxidantien. Er ist die Grundlage für den «Rubinmorgen» auf S. 64.

Grapefruit: gelb oder rosa – mit Aminosäuren, Vitamin A, C und B, Antioxidantien, Ballaststoffen, Kupfer, Kalium, Kalzium und Magnesium. Die Kerne haben einen stark fungiziden (pilztötenden) Effekt, sollten Sie also an einer Pilzinfektion leiden, kauen Sie munter Grapefruitkerne. Probieren Sie doch mal Buchweizen mit Grapefruit und Mandeln oder den Smoothie Zitrus-Spiralis auf S. 90.

Zitrone: eine magische, häufig unterschätzte Frucht. Sie gehört erstaunlicherweise zu den am stärksten basenbildenden Lebensmitteln, die wir zu uns nehmen können, sozusagen Mangelware in der westlichen Ernährung. Beginnen Sie den Tag mit einem Glas gekochtes Wasser mit dem gepressten Saft einer Zitrone oder mit dem Ingwertrank auf S. 77. Wie alle Zitrusfrüchte ist die Zitrone reich an Vitamin C, aber auch diversen B-Vitaminen, Ballaststoffen, Eisen, Kalzium und Antioxidantien.

Erdbeeren: Wenn Sie in der Nähe eines Bauern leben, der ungespritzte Erdbeeren zum Selberpflücken anbaut, sind Sie ein echter Glückspilz! Setzen Sie sich zwischen die Pflanzenreihen und probieren Sie, während Sie nebenbei ihre Körbe füllen, um einen Beerenvorrat für kalt gerührte Konfitüre und Smoothies im Gefrierschrank anzulegen, wenn der Frost die Erde bedeckt.

Blaubeeren: das eigentliche Symbol für Antioxidantien, und das nicht ohne Grund. Zusätzlich stecken in ihnen C-, E-, K- und viele B-Vitamine. Außerdem sind sie ein guter Anlass für einen Ausflug in den Wald. Essen Sie sich satt an den Beeren und hamstern Sie Vorräte für die Jahreszeit, in der Sie sie am meisten brauchen.

Himbeeren: meine Lieblingsbeeren. Sie machen mich glücklich und zufrieden und sind für mich der Duft, Geschmack und die Essenz von Sommer. Nichts schmeckt so wie frische Himbeeren, direkt vom Strauch gepflückt, wenn man vom Strand zurückkommt. Ich könnte den halben Juli zwischen Himbeersträuchern verbringen! Probieren Sie sie in Grütze, in Obstsalaten, im Quinotto (S. 73), in einem Smoothie, oder rühren Sie sie roh zu Konfitüre für Pfannkuchen oder Haferpfannkuchen (S. 150). Himbeeren enthalten viel Vitamin C, E, K und diverse B-Vitamine, alle Mineralstoffe und Spurenelemente, die unser Körper braucht, Ballaststoffe und natürlich eine großzügige Portion Antioxidantien.

Andenbeeren: auch Physalis oder Kapstachelbeeren etc. genannt, erfreuen sich großer Beliebtheit in Südamerika und sind als vegetabile Quelle für Vitamin B_{12} bekannt. Darüber hinaus enthalten sie viele Antioxidantien und einen ordentlichen Anteil Proteine. Andenbeeren sind entzündungshemmend und cholesterinsenkend. Da sie ziemlich teuer sind, verarbeite ich sie nur in der Luxusvariante des Müslis (S. 39). Von den mir bekannten getrockneten Beeren gehören diese säuerlichen, wertvollen verschrumpelten Knubbel zu meinen absoluten Favoriten.

Gojibeeren: Die Superbeeren aus Asien sind so nährstoffreich, dass man fast ausschließlich von ihnen leben könnte. Sie übertreffen alles andere im Hinblick auf Antioxidantien, und sie enthalten Proteine, B-Vitamine, Eisen, Kalium, Selen, Kalzium und Zink. Diese kleinen Juwelen gehören zu den etwas teureren Zutaten, die ich verwende, aber dafür braucht man auch nicht so viel davon. Weichen Sie eine kleine Handvoll in Wasser ein und verarbeiten Sie sie in einem Super-Lassi mit rohem Kakao und Cayennepfeffer (S. 98).

Cranberry: auch Kranbeere oder Moosbeere genannt. Es ist nicht einfach, ungezuckerte Cranberrys zu kriegen. Sollten Sie also irgendwo eine ungezuckerte Partie entdecken, dann hamstern Sie! Cranberrys sind C- und A-Vitamin-Bomben mit viel Eisen. Säuerliche Cranberrys gehören unbedingt in meine Hirsegrütze (S. 47) und auch ins Standardmüsli (S. 39).

Maulbeeren: mythenumwoben und abenteuerlich. Die Beeren vom Lieblingsbaum der Seidenraupe enthalten Vitamin C und K, sind krebshemmend, herzgefäßfreundlich und blutdruckstabilisierend, wertvoll und köstlich – probieren Sie sie in der Frühstücksmischung!

Datteln: nehme ich zum Süßen von Mandelmilch (S. 103), für Smoothies, Minzlassi (S. 97) und Kardamomknäcke (S. 111). Ich verwende am liebsten frische, dicke Datteln, die ich beim Türken kaufe. Die Palmfrüchte bestehen zum größten Teil aus Fruchtzucker, aber zum Süßen gehören sie zum Besten, was es gibt – sie stecken voller Mineralstoffe, Thiamin und Ballaststoffe und entziehen dem Körper keine B-Vitamine und Mineralstoffe.

Petersilie: Für dieses Kraut habe ich eine große Schwäche, besonders für glatte Petersilie. Petersilie ist Kraftfutter, von dem wir eigentlich viel mehr essen sollten! Reich an Chlorophyll und Antioxidantien, volle Punktzahl bei sämtlichen Mineralstoffen und Spurenelementen, Proteinen, Ballaststoffen, Vitamin A, C, E, K und allen B-Vitaminen (außer B_{12}). Und geschmacklich ist sie besonders gut in einem Pesto (S. 141), in Petersilienfeta (S. 137) oder einem grünen Smoothie.

Grünkohl: eine uralte, entzündungshemmende und immunstärkende Gabe von Mutter Erde, reich an Proteinen, Chlorophyll, Antioxidantien, Mineralstoffen und Spurenelementen, Vitamin A, C, K und fast allen B-Vitaminen. Grünkohl lässt sich übrigens auch gut selbst anpflanzen. Wenn ich zum Winteranfang endlich diese grüne Schönheit bei meinem Gemüsehändler bekomme, bereite ich Ananas in Grüner Spitze zu (S. 91), sooft ich nur kann!

Spinat: fügt sich in die Reihe der «Supergrünen» ein – vollwertige Proteine, Chlorophyll, Antioxidantien, Mineralstoffe und Spurenelemente sowie A-, C-, E-, K- und alle B-Vitamine (außer B_{12}). Spinat stärkt die Immunabwehr und ist entzündungshemmend. Ich verarbeite ihn zum Frühstück im Grünen Mango-Bango (S. 88) oder einem Quinotto (S. 73).

Basilikum: ist in einigen Kulturen sogar heilig. Die grünen Blätter strotzen vor Chlorophyll, Antioxidantien, Proteinen, Mineralstoffen und Spurenelementen sowie A-, C-, E-, K- und allen B-Vitaminen (außer B_{12}). Basilikum verwende ich gern üppig, lieber mehr als zu wenig. Gehört natürlich zu Pesto dazu (S. 141), zur Sonnenscheingeschichte (S. 52) und dem Basilikumkuss (S. 88).

Chili: frisch. Besonders roter Chili beinhaltet stark krebs- und bakterienhemmende Stoffe und Phytochemikalien, die die Blutzirkulation kräftigen und die Immunabwehr stärken. Probieren Sie Chili in einem Obstsalat oder im Hot Citrus-Shot (S. 92)!

Mandeln: Bei uns stehen immer Mandeln auf dem Tisch. So bekommt im Laufe des Tages jeder eine kleine Portion Kalzium, Magnesium, Kupfer, Chrom, Vitamin E und Omega-6. Manchmal bereite ich Mandelmilch (S. 103) und Mandelbutter (S. 145) zu, und ich streue gehackte Mandeln über die meisten Gerichte – gerne in einem Körner-Kerne-Mix (S. 45).

Sonnenblumenkerne: enthalten Omega-6-Fettsäuren, Mineralstoffe und B-Vitamine. Mir schmecken sie am besten kurz ohne Fett geröstet. Standardzutat für Knäckebrot (S. 108), Körner-Kerne-Mix (S. 146), Müsli (S. 39) und Knuspermüsli (S. 41).

Leinsamen: gehört zu den besten pflanzlichen Quellen für Omega-3-Fettsäuren. Darüber hinaus beinhalten sie ein breites Spektrum an Mineralstoffen und Spurenelementen. Leicht zerdrückt sind die Nährstoffe leichter zugänglich. Ich verwende Leinsamen für alles Mögliche – zum Beispiel für Knäckebrot (S. 108), Vollkornbrot (S. 106) und Jahrhundertgrütze (S. 46).

Cashewkerne: eine reiche Omega-6-Quelle. Dazu enthalten sie noch viel vollwertige Proteine, Mineralstoffe und Vitamin K. Daraus lässt sich wunderbar Butter machen (S. 145).

Haselnüsse: Ur-Nüsse, für die ich eine große Schwäche habe. Sie sind Bestandteil meiner Knuspermüslis (S. 41) und Müslis (S. 39) sowie im Superlassi auf S. 98. Haselnüsse sind besonders reich an Vitamin E und Kupfer.

Walnüsse: mein Nuss-Favorit und eine fantastische Quelle für Omega-3-Fette, Kupfer und Mangan. Hier u.a. wiederzufinden im Walnussknäcke (S. 113) und im Früchtebrot (S. 122).

Kürbiskerne: haben einen hohen Gehalt an Omega-6-Fetten, Vitamin K, Kupfer, Mangan, Zink, Phosphor, Magnesium, Eisen und Proteinen. Und sie schmecken gut – besonders trocken geröstet. Probieren Sie sie in Knäckebrot (S. 108) und in der Kürbiskernbutter (S. 145).

Sesamkörner: eine ausgezeichnete Kalziumquelle mit Ballaststoffen, guten Fettsäuren, Eisen, Thiamin, Kupfer, Zink und Chrom. Leicht und trocken geröstet sind sie die Basis im Körner-Kerne-Mix (S. 146) und werden gemahlen und mit etwas Öl zur weltbesten Sesambutter (S. 146)!

Kokosöl, ökologisch, extra vergine: enthält Laurinsäure (auch in Muttermilch enthalten), eine stark bakterientötende und fungizide Fettsäure, die die Immunabwehr stärkt. Die Fettsäuren in Kokos werden gut von unseren Zellen absorbiert, wo sie in Energie umgewandelt werden. Im Gegensatz zu vielen anderen Ölen wird Kokosöl nicht als Fett im Körper abgelagert. Fett generell verlängert das Sattheitsgefühl, und Kokosöl speziell stimuliert die Schilddrüse und trägt zu einem ausgeglichenen Stoffwechsel bei. Das zusammen ergibt ein stabiles Energieniveau, das uns lange in Gang hält, ohne dass wir ständig unsere Tanks auffüllen müssen. Ich verwende Kokosöl zum Backen von Pfannkuchen und Kichererbsen-Crêpes (S. 157), in Grütze oder Smoothies. – Achtung: Kokosöl nicht mit Kokosfett verwechseln!

Honig: bedeutet «der Goldene» und ist in der Tat das reinste Gold der Natur. Die edle Masse enthält so viele antibakterielle Stoffe, dass sie unbegrenzt haltbar ist – in einem Agrarmuseum in Ägypten stehen zwei Krüge mit fast dreieinhalbtausend Jahre altem Honig, der noch immer genießbar ist! Honig hat eine beruhigende und magenregulierende Wirkung. Im Gegensatz zu Zucker bringt das Bienengold alle Mineralstoffe und Spurenelemente mit, die für die optimale Verarbeitung der Süße im Blut gebraucht werden. Ich verwende viel Honig im Knuspermüsli (S. 41), als Aufstrich, in Hafermuffins (S. 116), im Ingwertrank (S. 77) und gerne in flüssiger Form über dem Glücklichen Joghurt (S. 61).

Olivenöl: die grüne Goldschwester des Honigs! Ich verwende Olivenöl innerlich und äußerlich. Reich an guten Fettstoffen, Vitamin E und K und dem Geschmack nach Mittelmeer. Ein Bauernomelette (S. 161) oder ein Blech mit Lulus gnaden-

reichen Schnurrpfeifen (S. 164) wären ohne gutes Olivenöl nicht, was sie sind!

Ingwer: regt die Blutzirkulation und die Immunabwehr an, ist gut gegen Übelkeit und desinfizierend, enthält Vitamin C, Kupfer, Kalium und Magnesium und peppt alles Mögliche auf. Wählen Sie dicke, frische Wurzelknollen, die saftig und fest sind. Kochen Sie einen Ingwertrank (S. 77) für einen kranken Freund und gönnen Sie sich selbst einen Hot Citrus-Shot (S. 92), ehe der Winter Sie einholt!

Kardamom: Ein Leben oder ein Haushalt ohne Kardamom ist für mich unvorstellbar. Ich kaufe ganze schwarze Samenkapseln und zerstoße sie im Mörser. Dieses uralte Gewürz enthält ätherische Öle mit magischen Eigenschaften, die die Verdauung und Verbrennung anregen, beruhigend, antiseptisch und krampflösend wirken. Kardamom ist ein verbreitetes Aphrodisiakum und Nahrung für die Seele. Probieren Sie es selbst – in Sojachai (S. 82), Kardamomknäcke (S. 111), Bananen-Kardamom-Brot (S. 124) oder im Kardamonfrühstück (S. 41).

Kakao: «Speise der Götter», vor Antioxidantien strotzend, enthält natürliche schmerzstillende und antidepressive Stoffe, Kupfer, Magnesium, Eisen und essenzielle Fettsäuren. Ich verwende rohen Kakao im Superlassi (S. 98) oder kaue ganze Bohnen, wenn ich Appetit habe.

Hafer: Hafer ist als Korn, Kleie oder Mehl natürlich glutenfrei. Es bindet Cholesterin, enthält Proteine, essenzielle Fettsäuren, Thiamin, Magnesium, Eisen, Zink, Chrom, Kupfer, Ballaststoffe und komplexe Kohlenhydrate, die den Blutzuckerspiegel stabil halten. Bei vielen Rezepten in diesem Buch wird Hafer in unterschiedlicher Weise verarbeitet, u.a. als Haferpfannkuchen (S. 150), Hafermuffins (S. 116), Knäckebrot (S. 108), Knuspermüsli (S. 41) und Vollkornbrot (S. 106).

Emmer, Einkorn und Kamut: alte Kornsorten und Vorläufer von Dinkel und Weizen. Nicht ganz einfach zu kriegen, aber es lohnt die Mühe, nach diesen goldenen Perlen zu suchen. Fragen Sie Ihren Reformhaus- oder Naturkosthändler vor Ort, in Ihrem Supermarkt oder bestellen Sie im Internet. Diese Kornsorten sind extrem nährstoffreich und aromatisch und geben einem das unglaublich gute Gefühl, mit unverfälschten Produkten zu arbeiten. Alle drei Sorten enthalten Gluten, das aber ein Teil der von Glutenintoleranz Betroffenen verträgt. Emmer, Einkorn und Kamut können zum Keimen von Grünkräutern (S. 56) oder in Chapati (S. 118), Vollkornbrot (S. 106) und Alltagspfannkuchen (S. 149) verwendet werden.

Buchweizen: ist keine Weizensorte, noch nicht einmal eine Kornart, sondern der vollständig glutenfreie Samen einer Krautpflanze. Die pyramidenförmigen Samen sind außerordentlich reich an Nährstoffen und gehören zu dem Gesündesten, das Sie sich antun können – entzündungshemmend, satt an Aminosäuren (besonders Lysin, das in Kornarten Mangelware ist), Antioxidantien, Ballaststoffen, B-Vitaminen, Mangan, Kupfer, Phosphor, Magnesium und guten Fettsäuren. Ich versuche, jeden Tag eine kleine Portion Buchweizen in der einen oder anderen Form zu mir zu nehmen – zum Beispiel als Buchweizenpfannkuchen (S. 151), im Rubinmorgen (S. 64), dem Knäckebrot (S. 108) oder der Buchweizengrütze (S. 44). In der Schale des Buchweizens stecken Bitterstoffe, die abwechselnd mit kaltem und warmem Wasser ausgespült werden sollten.

Quinoa, weiß, rot oder schwarz: proteinreiche Kügelchen, deren Spitzen sich aufrollen, wenn sie gekocht werden, glutenfrei, reich an Mineralstoffen, essenziellen Fettsäuren, Ballaststoffen, B-Vitaminen und Antioxidantien. Quinoa ist eine meiner Lieblingszutaten, die ich so oft esse, wie ich kann – im Quinotto (S. 73) oder der Gourmetgrütze (S. 45). In der Schale von Quinoa sitzen Bitterstoffe, die mit wechselweise kaltem und warmem Wasser ausgespült werden sollten.

Reis: Ich verwende alle möglichen Sorten von Vollkornreis – Rundkorn, Langkorn, Jasmin, Basmati und Arborio. Vollkornreis ist nährstoffreicher als weißer, raffinierter Reis und reich an Proteinen, B-Vitaminen, Mineralien und Spurenelementen. Kochen Sie extra viel Reis zum Mittag- oder Abendessen, dann können Sie am nächsten Tag Reis à la Malta (S. 65), ein Reisfrühstück oder Malteserfest machen (S. 67).

Hirse: kleine, goldene, nährstoffreiche Ur-Samen mit dem gleichen Anwendungsbereich wie Quinoa und Reis. Glutenfrei, mit Proteinen und Fettsäuren, Eisen, Magnesium, Kupfer, Kalium und Phosphor. Hirsegrütze (S. 47) mit Kokos und Cranberry ist ein Klassiker in meiner Küche.

Mungobohnen: lasse ich in einem Keimsack oder im Glas keimen (S. 56) und verwende sie in Obstsalaten, Smoothies, Chapati-Wraps, Quinotto oder Dschungelbomben (S. 121), weil sie fantastisch lecker und mindestens genauso gesund sind. Reich an Chlorophyll, Antioxidantien, Proteinen, allen Mineralien und Spurenelementen sowie Vitamin A, C, K und allen B-Vitaminen (außer B_{12}).

Thunfisch: Obwohl immer mehr Thunfischarten infolge von Überfischung für die Sushi-Industrie vom Aussterben bedroht sind, kann man laut WWF (das war zumindest die Aussage, als ich diesen Text schrieb) weiter mit relativ gutem Gewissen Thunfisch in Dosen essen, weil es sich hierbei um Sorten handelt, die nicht auf der roten Liste stehen. Fragen Sie nach MSC-gekennzeichnetem Thunfisch und überprüfen Sie, dass der Fisch auf eine Art gefangen wurde, bei der keine Delfine in Mitleidenschaft gezogen werden. (Auf den Dosen steht entweder «dolphin-friendly» oder ein Delfin-Symbol.) Meiden Sie südamerikanischen Thunfisch, der stark quecksilberbelastet sein kann. Thunfisch ist proteinhaltig, reich an Vitamin K, Mineralien und Spurenelementen und schmeckt wunderbar in Italienischem Clown-Aufstrich (S. 134) und Thunfischaufstrich (S. 143).

Tamari: japanische gluten- und zuckerfreie Sojasoße. Gibt es in Reformhäusern. Probieren Sie sie in meiner Sesampaste (S. 136) oder in Misosuppe.

Tamari enthält Proteine, alle B-Vitamine (außer B_{12}), Mineralien und Spurenelemente.

Misopaste: ebenfalls ein japanisches Sojaprodukt (aus Reis und Gerste) und Grundlage für Misosuppe (S. 74). Wie Tamari ist Miso reich an Proteinen, Mineralien und B-Vitaminen. Darüber hinaus enthält Miso reichlich Omega-3- und Omega-6-Fettsäuren und Vitamin K.

Ahornsirup: Kaufen Sie puren Ahornsirup. Hier kommt die Süße mit wichtigen Mineralien wie Mangan, Eisen, Kalzium und Zink daher, die den Körper beim Abbau des Blutzuckers unterstützen. Ich verwende Ahornsirup für jede Art von Pfannkuchen und zum Backen. Und wenn der Frühling kommt, gehe ich mit meiner Freundin Bjørk in den Wald, um Ahornsaft zu zapfen und meinen eigen Sirup zu machen.

Vollrohrzucker: wird hergestellt, indem man den Saft von Zuckerrohren verdampft. Beim Abkühlen kristallisiert der Saft und wird zu unraffiniertem Streuzucker; er bleibt dabei intakt, enthält also alle Nahrungsstoffe des Zuckerrohres. Mineralien und Vitamine, die im Vollrohrzucker erhalten bleiben, sorgen dafür, dass der Zuckerabbau den Körper nicht allzu sehr belastet (lesen Sie mehr über Zucker in dem Kapitel über Kohlenhydrate, S. 20 ff.). Was im Handel als Rohrrohzucker bezeichnet wird, ist teilweise raffiniert und hat nicht die Nährstoffdichte von Vollrohrzucker, ist aber trotzdem immer noch die gesündere Alternative zu weißem, raffiniertem Zucker.

Salz: Hier bin ich ganz eigen und wählerisch und verwende fast ausschließlich graues, unraffiniertes Atlantik-Meersalz, grobes wie feines. Unraffiniertes Meersalz hat übrigens das gleiche Mineralprofil wie unser Blut! Die wertvollen Mineralien und Spurenelemente runden den salzigen «Geschmacksheber» noch zusätzlich ab. Unraffiniertes Steinsalz ist auch gesund, aber ziemlich teuer. Wenn Sie ein breitspektriges, naturbelassenes und unraffiniertes Salz verwenden – Meer- oder Steinsalz –, müssen Sie sich keine Gedanken darüber machen, dass Sie zu viel nehmen.

Nahrungsergänzungsmittel

Sind Sie grundsätzlich gesund und achten auf eine ausgewogene Ernährung, die auf reinen, unbehandelten Produkten basiert, besteht kein Grund, viel Geld für Nahrungsergänzungsmittel auszugeben. Investieren Sie lieber in gute Zutaten und nährstoffreiche Lebensmittel. Aber nicht alle von uns erfreuen sich bester Gesundheit und leben immer gleich gesund. Darum ist es für manche Menschen vorteilhaft, dem Körper ergänzend einzelne Nährstoffe zuzufügen, die nur unzureichend über die Nahrung aufgenommen werden können. Da wir uns unterschiedlich ernähren und unterschiedliche Lücken in der Nahrungsaufnahme haben, ist es schwierig, generelle Ratschläge zu Nahrungsergänzungsmitteln zu geben. Ich möchte trotzdem ein wertvolles, energiereiches Produkt nennen, das die meisten Mangelerscheinungen ausgleicht: Spirulina.

Spirulina: eine Süßwasseralge mit einem ungewöhnlich hohen Gehalt an vollwertigen Proteinen – Proteine, die der Körper sehr viel besser verwerten kann als Fleischproteine. Diese Alge hat den höchsten uns bekannten Gehalt an absorbierbarem Eisen, hoch konzentriertem, antioxidativem Betakarotin, das jeder Möhre den Rang abläuft, reichlich Omega-3-Fettsäuren für das Gehirn und Chlorophyll, das unser gesamtes System reinigt, stärkt und erneuert. Darüber hinaus enthält es beeindruckende Mengen Kupfer, Mangan, Kalium, Magnesium, Vitamin K und die meisten der B-Vitamine. Einfach genial für die meisten Menschen. Spirulina ist fast eine Art Supernahrungsmittel! Ich mische gern ein paar gehäufte Teelöffel in Smoothies.

Die meisten Nahrungsergänzungsmittel (flüssig oder in Pulverform) können unter die flüssigen Bestandteile des Frühstücks gemischt werden.

LUXE

Küchentipps

Verschaffen Sie sich einen Überblick und legen Sie einen Vorrat an Lebensmitteln an, die Ihnen schmecken und die Sie für die Rezepte brauchen, die Sie gerne zubereiten würden.

Nutzen Sie ein Wochenende, um Ihre Favoriten herauszufinden, und starten Sie mit einem gesunden Wochenendfrühstück, wenn es Ihnen zu anstrengend ist, mitten in der Woche damit zu beginnen.

Nehmen Sie sich abends eine kurze halbe Stunde, um

- eine Grützen-, Knuspermüsli- oder Müslimischung vorzubereiten
- Gemüse zu putzen und zu schneiden
- Pfannkuchenteig anzurühren
- eine extra Portion Reis, Quinoa oder Hirse für das Frühstück am nächsten Morgen zu kochen
- ein paar umwerfend gute und gesunde Brotaufstriche zuzubereiten
- Mungobohnen oder grüne Linsen zum Keimen einzuweichen
- Mandeln oder Haselnüsse für Aufstriche oder Milch einzuweichen
- eine große Portion Knäckebrot, Dschungelbomben oder Mischbrot mit Linsen zuzubereiten.

Zeit in das Frühstück zu investieren lohnt sich in vielerlei Hinsicht. Ihr Körper bekommt genügend Energie und Nährstoffe zugeführt, um eine Weile durchzuhalten, ehe Sie wieder Hunger verspüren. Und wenn Sie eine doppelte Portion Frühstück zubereiten, haben Sie das Mittagessen gleich mit erledigt!

Viele Mengenangaben bei den Rezepten werden im Norwegischen üblicherweise in Liter (l) und Deziliter (dl) angegeben, wo man im Deutschen Angaben in Gramm erwarten würde. Ich bin aber kein Freund von genauen Gramm-Angaben in der Küche, und für meine Frühstücksrezepte reichen ungefähre Maßangaben meist völlig aus. Ich habe daher die benötigte Menge oft in «Tassen» umgerechnet – 1 Tasse sind etwa 2 dl, 1 knappe Tasse etwa 1,5 dl und 1 große Tasse ca. 2,5 dl; allerdings haben Tassen zum Glück keine Normgröße, und so sind diese Hinweise nur als ungefährer Richtwert zu verstehen. Der eigenen Kreativität bleibt genügend Spielraum …

Nährstoffe

Kohlenhydrate

Unter dem Begriff Kohlenhydrate werden verschiedene Nährstoffe mit variierenden Zusammensetzungen von Zucker, Stärke und Ballaststoffen zusammengefasst. Die Einfachzucker werden schnell in Glukose umgewandelt und unmittelbar in die Blutbahn aufgenommen. Das führt zu einer rasch ansteigenden Glukosekonzentration im Blut. Die fein aufeinander abgestimmten Systeme des Körpers reagieren äußerst sensibel auf größere Schwankungen im Blutzucker, weshalb unser Organismus sein Bestes tut, um das Niveau zu regulieren. Das Hormon Insulin, das in der Bauchspeicheldrüse produziert wird, sorgt dafür, dass der Blutzucker von Muskel- und Fettzellen aufgenommen und die Blutzuckerbalance aufrechterhalten wird. Energiespendende Nährstoffe werden auf diese Weise aus dem Blut in die Zellen transportiert. Dieser Prozess ist abhängig vom eigentlichen Energiebedarf der Zelle. Energie, die die Zellen nicht verwerten können, wird gelagert – und unsere Energielager sind bekanntlich Fett.

Süße ist die einzige Geschmackspräferenz, die dem Menschen angeboren ist. Muttermilch enthält viele Zuckerarten, die zu mögen wir «programmiert» sind. Im letzten Jahrzehnt ist das Wort «Kohlenhydrate» fast synonym mit sündhaftem Zucker und mehr oder weniger zu einem Schimpfwort geworden. Nun ist es aber einmal so, dass für die meisten Menschen auf der Welt genau diese Nährstoffgruppe zu den wichtigsten Energiequellen gehört. Kohlenhydrate finden sich in den meisten

Früchten und Gemüsen, zusammen mit vielen Vitaminen, Mineralien, Ballaststoffen, Antioxidantien und anderen Wirkstoffen, ohne die wir nicht gut leben können.

Komplexere Kohlenhydrate mit einer Zusammensetzung, die für einen langsameren Abbau und eine langsamere Aufnahme der Zuckerarten sorgt, führen zu einer stabil niedrigeren Zuckerkonzentration im Blut. Damit sind das Verhältnis der Aufnahme in die Zellen und der tatsächliche Energiebedarf des Gewebes ausgeglichener. Ein stabiles Blutzuckerniveau sorgt für ausgeglichene Laune, das Gefühl, satt zu sein, und gleichmäßige Leistungsfähigkeit von einer Mahlzeit bis zur nächsten. Außerdem speichert der Körper weniger überschüssige Energie. Der sogenannte glykämische Index gibt Auskunft darüber, in welcher Weise ein Lebensmittel den Anstieg des Blutzuckers beeinflusst. Einfacher gesagt: Ein Lebensmittel mit einem geringen Gehalt an Einfachzuckern hat einen niedrigeren glykämischen Index.

Zucker: Unser Körper ist abhängig von einem stabilen pH-Wert in recht eng gesteckten Grenzen. Wenn der Körper verdaut und Zucker abbaut, entsteht im Blut ein ungünstig saures Milieu. Das muss mit basenbildenden Mineralien neutralisiert werden. Gewöhnlicher weißer, raffinierter Zucker besteht ausschließlich aus Saccharosemolekülen – buchstäblich pure Energiepäckchen. Wenn die in den Darm gelangen, zwingen sie den Körper, jede Menge Mineralien von den eigenen kostbaren Vorräten auszuscheiden – besonders Kalzium und Magnesium –, um die pH-Balance wieder herzustellen, die sich verschoben hat. Hauptlager für Mineralien sind unsere Zähne und unser Skelett, also nichts, womit wir Raubbau betreiben können. Der Mineralstoffverlust beim Verzehr weißen Zuckers wird noch zusätzlich dadurch verstärkt, dass der Zucker die Aufnahme von Kalzium und Magnesium behindert – ausgerechnet die beiden Hauptkomponenten für den Knochenaufbau. Und für die Gesundheit unserer Zähne ist die Kombination von mineralab-

bauenden und bakterienfördernden Vorgängen bei weißem Zucker besonders unglücklich. Weißer Zucker hat auch den Haken, dass er unserem Körper das B-Vitamin Thiamin entzieht. Thiamin ist ein extrem wichtiger Stoff für unsere Hirnfunktionen. Auf längere Sicht kann Thiaminmangel zu psychischer Unausgeglichenheit und Reizbarkeit, niedriger Aggressionsschwelle, Geräuschempfindlichkeit, Schlaflosigkeit, mangelnder Impulskontrolle, Konzentrationsschwierigkeiten, Depression und frühzeitiger Demenz führen.

Unraffinierter Rohrzucker, Honig und reiner Pflanzensirup sind nicht in gleicher Weise Thiamin- und Mineralienräuber wie weißer Zucker. Sie kommen nämlich nicht mit «leeren Händen», sondern ausgestattet mit den nötigen Mineralien und Vitaminen, um das saure Milieu zu dämpfen, das sie im Blut erzeugen.

Ballaststoffe

Ballaststoffe gehören zu einer Gruppe von Stoffen (vorwiegend aus dem Pflanzenreich), denen gemeinsam ist, dass der Mensch sie nicht verdauen kann. Trotzdem ist es unbedingt notwendig, dass wir täglich eine gewisse Menge Ballaststoffe zu uns nehmen – genauer gesagt 25 bis 30 Gramm. Um das Pflanzenmaterial aufzuspalten, für das wir selber nicht über die nötigen Enzyme verfügen, sind wir von einer großen Menge «wohlwollender» Bakterien im Dickdarm abhängig, die diese Arbeit für uns übernehmen. Die Anzahl der Dickdarmbakterien übersteigt in der Tat die Anzahl sämtlicher Zellen unseres Körpers, was schon ein wenig unheimlich ist. Fakt ist jedenfalls, dass wir komplett abhängig von diesen genügsamen kleinen Organismen sind; sie leben von den Abfallprodukten, die wir selber nicht verwerten können. Eine gesunde Darmflora bedeutet, dass die guten Helfer in überwältigender Überzahl sind und keinen Platz für schädliche Bakterien und andere Eindringlinge lassen. Unser Verzehr von Ballaststoffen und die Verhältnisse in unserem Verdauungssystem sind damit von großer Bedeutung für unseren Immunapparat und entscheidend dafür, wie gut wir gegen Infektionskrankheiten jeglicher Art gerüstet sind. Das wirkt sich auch positiv auf autoimmune Reaktionen und Allergien aus.

Unabhängig davon, wie gesund und abwechslungsreich wir uns ernähren, enthalten die Lebensmittel, die wir verzehren, immer auch schädliche Wirkstoffe für den Darm. Darum ist es von Vorteil, wenn das, was wir zu uns nehmen, nicht übermäßig lange im Verdauungsapparat verweilt. Ballaststoffe machen die Lebensmittel poröser, binden Wasser und sorgen dafür, dass das Essen unseren Körper im richtigen Tempo durchläuft. Über diesen positiven Effekt für die meisten Menschen hinaus verringern sie das Risiko für diverse Krebsformen im Verdauungstrakt. Ballaststoffe binden außerdem Cholesterin im Darm und wirken damit lipidsenkend und herzschonend. Durch den ausreichenden Verzehr von Ballaststoffen wird auch die Aufnahme von Kalzium angeregt, unsere Versicherung für kräftige Knochen und gesunde Zähne. Und nicht genug damit – ballaststoffhaltige Lebensmittel geben ein angenehmes Sättigungsgefühl, das lange anhält, und tragen dazu bei, dass der Blutzuckerspiegel bis zur nächsten Mahlzeit stabil bleibt.

Ballaststoffe sind in jeglicher Art von unbehandelter Pflanzenkost enthalten. Machen Sie Obst und Gemüse, Nüsse und Samen, Wurzeln und Beeren zur Grundlage ihrer Ernährung, und essen Sie so abwechslungsreich wie möglich. So führen Sie Ihrem Körper alles Notwendige zu – auch Ballaststoffe.

Proteine

Proteine erfüllen unzählige Funktionen im Körper. Sie sind Bausteine für Muskeln, Bindegewebe, Haut, Haare und Nägel, darüber hinaus fungieren sie aber auch als Botenstoffe im Nervensystem. Sie bilden Hormone und Enzyme, transportieren wichtige Stoffe in unserem Blut, lassen Stoffe in beide Richtungen durch die Zellwände aller Körperzellen passieren und sind wichtige Faktoren für die Immunabwehr.

Proteine setzen sich aus Aminosäuren zusammen. Der Körper benötigt viele verschiedene Aminosäuren, um alle lebenswichtigen Funktionen aufrechtzuerhalten. Die Aminosäuren, die der Körper nicht selber produzieren kann, müssen wir ihm durch die Nahrung zuführen – unsere einzige Quelle für Nährstoffe. Diese Aminosäuren heißen *essenzielle Aminosäuren*. Lebensmittel enthalten unterschiedlich viele Aminosäuren. Manche enthalten alle essenziellen Aminosäuren, anderen fehlen mehrere oder eine. Damit wir das ganze Aminosäurespektrum bekommen, ist eine abwechslungsreiche Ernährung so wichtig.

In der westlichen Welt wird Pflanzenkost stark unterbewertet, und viele leben in dem Irrglauben, dass wir unserem Körper Proteine nur durch den Verzehr von Fleisch zuführen können. Das ist zum Glück nicht wahr! Es ist absolut möglich, seinem Körper auch ausschließlich über pflanzliche Kost ausreichend essenzielle Aminosäuren zuzuführen. Mit einer Ernährung, die auf pflanzlichen Proteinen basiert, versorgt man den Körper nebenbei gleich mit ausreichend Ballaststoffen, langsamen Kohlenhydraten, Mineralien, vegetabilem, ungesättigtem

Fett und Pflanzenwirkstoffen (Phytochemikalien), die dafür sorgen, dass der Körper stark und gesund ist. Die einzelne Frucht, Nuss oder Schote, das einzelne Gemüse, Korn oder ein Samen enthält vielleicht nicht Proteine in Massen, aber indem man sich das ganze Jahr hindurch abwechslungsreich ernährt und so rein und unbehandelt wie möglich, bekommt der Körper, was er an Proteinen braucht.

Gute Frühstücksquellen für pflanzliche Proteine sind Mungobohnenkeimlinge, Linsen und andere Hülsenfrüchte, Nüsse, Mandeln, Samen, Spirulina, Sojamilch, Spinat, Petersilie, Hafer, Emmer, Einkorn, Buchweizen, und Quinoa. Weitere gute Proteinquellen, die auf jeden Frühstückstisch gehören, sind Eier, Ziegen- und Schafsfeta (und anderer Käse), Thunfisch, Makrele und Sardinen.

Fett

Fett ist für uns von großer Bedeutung und der energiedichteste Stoff, den der Körper umsetzen kann. Der Löwenanteil des Fettes dient als Energielager und Isolation. Wir zehren in kargen Zeiten davon; es hält Säuglinge warm, sorgt für schöne, runde Körperformen und ist die Ursache, dass wir für das erste Bad im Freien gerüstet sind. Fett ist auch ein Geschmacksverstärker, was erklärt, wieso Butter und Sahne in einigen Küchen so eine zentrale Rolle spielen. Aber auch viele lebenswichtige Systeme unseres Körpers sind von verschiedenen Typen von Fett abhängig, um zu funktionieren. Ein großer Teil des Speicherfettes hüllt die vitalen Organe ein und fungiert als Isolation und Schutz gegen Stöße. Die Zellwände aller Körperzellen setzen sich zu großen Teilen aus Fetten zusammen, die unter anderem regulieren, welche Stoffe die Zellwand durchlässt. Fett ist außerdem der Ausgangspunkt für viele wichtige Botenstoffe und Hormone und ist unverzichtbar für den Transport fettlöslicher Vitamine im Blut. Und Fett spielt nicht zuletzt eine wichtige Rolle für die ganz normalen Hirnfunktionen. Das Hirn besteht zu über 60 Prozent aus Fett. Die Nervenzellen im Gehirn sind hübsch in eine dicke, weiße Fettmembran verpackt, die Myelin heißt. Diese isolierende Membran sorgt dafür, dass die Nervenimpulse sich ununterbrochen und mit optimaler Geschwindigkeit durch das zentrale Nervensystem bewegen können.

Das, was wir allgemein als Fett bezeichnen, gehört zu einer großen Gruppe von Stoffen (Lipiden), die unter anderem aus unterschiedlichen Fettsäuren bestehen. Fettsäuren sind Molekülketten, die auf unterschiedliche Weise verknüpft sind, mit Einfach- oder Doppelbindungen und Kombinationen von beidem. Gesättigtes Fett findet sich vor allen Dingen in tierischen Lebensmitteln wie Fleisch und Milchprodukten. Ungesättigtes Fett findet sich in marinen und pflanzenbasierten Lebensmitteln wie Fisch und Pflanzenölen. Generell hat gesättigtes Fett eine ungünstige Wirkung auf den Körper, während ungesättigtes Fett als gutes Fett betrachtet wird. Die Fettsäuren, die der Körper braucht, aber nicht selber produzieren kann, sind die essenziellen Fettsäuren. Zu diesen gehören die ungesättigten Omega-3- und -6-Fettsäuren, und die sollten wir bewusst zu uns nehmen. Im westlichen Teil der Welt nehmen wir im Großen und Ganzen ausreichend Omega-6-Fett zu uns, während Omega-3 eher Mangelware in der Ernährung der meisten Menschen ist.

Die essenziellen Fettsäuren haben einen günstigen Effekt auf das Herz und den Kreislauf, sie wirken u.a. blutdruckregulierend, verbessern das Fettprofil im Blut, hemmen Entzündungsprozesse in den Aderwänden (die Aderverkalkung verursachen) und wirken leicht blutverdünnend. Omega-3-Fette wirken krebshemmend und günstig auf entzündliche und autoimmune Krankheiten wie rheumatische Arthritis, Schuppenflechte, Neurodermitis, Morbus Bechterew, Multiple Sklerose und Diabetes. Das gute Fett hat außerdem eine positive Wirkung bei Depressionen, Konzentrationsschwierigkeiten und Unruhe. Alles Fett im Gehirn ist natürlich Omega-3.

Leinsamen und Leinöl, Walnüsse, Pekannüsse, Spirulina, Sojamilch, Olivenöl, Hanfsamen, Hering, Makrele, Thunfisch und Tran oder andere Nahrungsergänzungsmittel aus Fischöl sind gute Quellen für Omega-3-Fettsäuren. Omega-6 finden Sie in Sonnenblumenkernen, Kürbiskernen, Olivenöl, Avocado, Haselnüssen, Mandeln und Sesamkörnern.

Vitamine

Das Wort Vitamin kommt vom lateinischen Wort *vita*, was *Leben* bedeutet, und wir definieren Vitamine genau so: lebensnotwendige (essenzielle) Stoffe, die der menschliche Körper nicht selber ausreichend produzieren kann. Ohne die zusätzliche Zufuhr von Vitaminen können wir also nicht optimal, ja nicht einmal normal funktionieren, und der Mangel oder die anhaltende Unterversorgung mit Vitaminen führt zu Dysfunktionen und Krankheiten. Die unterschiedlichen Vitamine haben ganz spezielle Funktionen im Körper und können sich nicht gegenseitig ersetzen, aber etliche von ihnen unterstützen sich gegenseitig in ihrer Wirkung. Die Gruppe der Mikronährstoffe, die wir Vitamine nennen, sind Bestandteil der einzelnen Lebensmittel, aber nicht energiespendend.

Vitamin A kommt in der Nahrung in zwei unterschiedlichen Formen vor: als Retinol (das fertige Vitamin), das sich in tierischen Nahrungsbestandteilen findet, und Betakarotin (wird im Körper in Vitamin A umgewandelt), das sich in pflanzlichen Lebensmitteln findet. Vitamin A unterstützt die natürliche Zellentwicklung und Reproduktion, das Wachstum und die Entwicklung von Embryonen und Kindern, das Sehen, Haut und Schleimhäute, Hormonbildung und Proteinverdauung. Neben der Stärkung der Immunabwehr und der Bekämpfung von Viren, Bakterien und anderen krankheitserregenden Mikroorganismen im Körper schützt Betakarotin uns vor Sonneneinstrahlung, indem es die Produktion von Pigmenten in der Haut anregt. Vitamin A unterstützt die Aufnahme von Kalzium, beugt bestimmten Krebsformen vor und trägt dazu bei, den Cholesterinspiegel im Blut zu senken.

Symptome von Vitamin-A-Mangel können eingeschränktes Wachstum, Infertilität, trockene Schleimhäute (besonders bei den Augen), reduzierte Sehkraft, trockene oder unreine Haut, Allergien, Abgeschlagenheit und Erkrankung der Atemwege sein.

Während der Schwangerschaft, in der Stillzeit, bei älteren Menschen und natürlich bei Mangelerscheinungen besteht ein erhöhter Bedarf an Vitamin A.

Papaya, Aprikose, Möhre, Mango, Pfirsich, Sharonfrucht, Petersilie, Süßkartoffel, fetter Fisch, Brennnessel, Weißdorn, Fenchel, Eigelb, Hagebutte, Kürbis, Brokkoli, Gurke, Andenbeere, Gojibeere, Passionsfrucht, Tomate, Grünkohl, Spinat und grüne Chili sind natürliche und gute Quellen für Vitamin A.

Vitamin A ist fettlöslich und braucht Fett, um im Darm aufgenommen zu werden. Es wird im Kör-

per gelagert. Als Nahrungsmittelergänzung sollte es nicht überdosiert werden. Über die Nahrung wird es kaum passieren, dass man zu viel Vitamin A zu sich nimmt – es sei denn, man ernährt sich ausschließlich von Eisbärenleber.

Vitamin D, auch Kalziferol genannt, ist eher ein Hormon, das der Körper mithilfe von UV-Strahlung und Cholesterin selbst in der Haut synthetisieren kann. Insofern läuft Kalziferol nur unter der Klassifizierung Vitamin, wenn die Sonneneinstrahlung eingeschränkt ist, was bei Teilen der Weltbevölkerung eine Rolle spielt. Wie der Name Kalziferol bereits andeutet, hat das Vitamin D die Aufgabe, das Kalzium aus dem Darm aufzunehmen und damit für die Regulierung des Kalziumgehalts im Blut zu sorgen. Vitamin D ist damit ausschlaggebend für die normale oder starke Entwicklung unserer Zähne und Knochen und vorbeugend gegen Knochenbrüchigkeit (Osteoporose). Die Einnahme von Vitamin D über die Nahrung wird vorrangig Menschen empfohlen, die zu wenig Sonnenlicht haben. Symptome bei Vitamin D-Mangel können sein: Knochenmissbildungen (Rachitis oder englische Krankheit), Knochenbrüchigkeit, Muskelkrämpfe, Zahnkrankheiten, Nervosität, Gereiztheit, Schlafstörungen, schlechte Wundheilung und verringerte Immunabwehr.

In nördlichen Gefilden ist der Bedarf an zusätzlicher Vitamin D-Zufuhr über die Nahrung im Winter am höchsten, ansonsten ist Vitamin D wichtig, wenn man wenig oder kein Sonnenlicht bekommt.

Sonnenlicht (in Maßen), Makrele, Thunfisch, Sardinen, Hering, Eigelb, Avocado und Tran sind natürliche und gute Quellen für Vitamin D.

Vitamin D ist fettlöslich und benötigt Fett, um im Darm aufgenommen zu werden. Es wird im Körper gelagert und sollte als Nahrungsergänzungsmittel nicht überdosiert werden.

Vitamin E (Tocopherol) ist ein starkes Antioxidans, das für eine ausreichende Sauerstoffzufuhr im Gewebe sorgt und dafür, dass Fettstoffe im Blut nicht ranzig werden. Man bezeichnet Vitamin E auch als Fruchtbarkeitsvitamin, weil es wichtig für die Geschlechtshormone und die Fortpflanzungsfähigkeit ist. Die Wirkung von Vitamin A wird durch Vitamin E unterstützt, das ansonsten zur Stärkung der Immunabwehr und Wundheilung beiträgt und gegen vorzeitige Alterung, Hautirritationen und Falten wirkt.

Symptome bei Vitamin E-Mangel können sein: Herz- und Gefäßleiden, Leberflecken auf der Haut, Entzündungen im Verdauungstrakt, trockene und matte Haut, Infertilität, eingeschränktes Konzentrationsvermögen, Müdigkeit und Gereiztheit.

Ein besonderer Bedarf an Vitamin E besteht bei verstärkter Einnahme mehrfach ungesättigter Fettsäuren, weil sie anfällig dafür sind, ranzig zu werden. Außerdem ist Vitamin E wichtig für ältere Menschen und bei Menstruationsbeschwerden, Gelenkrheumatismus, Diabetes, Magengeschwür und hohem Blutdruck.

Avocado, Papaya, Aprikose, Mandeln, Haselnüsse, Oliven, Erdnüsse, Weizenkeimöl, Distelöl, Olivenöl, Sonnenblumenkerne, Leinsamen, Brombeeren, Spirulina, Tomate, Mungobohnenkeime, Garnelen, Pistazien und Sesamkörner sind natürliche und gute Quellen für Vitamin E.

Wie Vitamin A und D ist auch Vitamin E fettlöslich und benötigt Fett, um vom Körper aufgenommen und gelagert zu werden.

Vitamin K ist ein Kofaktor, der Blutungen stoppt und übermäßige Blutgerinnung verhindert. Es spielt eine wichtige Rolle für den Stoffwechsel im Skelett, im Bindegewebe und für eine normale Nierenfunktion.

Symptome bei Vitamin K-Mangel können sein: schlechte Blutgerinnung, Nasenbluten, Darmstörungen, Menstruationsschmerzen, Müdigkeit und Knochenbrüchigkeit bei älteren Menschen. Neugeborene, ältere Menschen und Personen mit Mangelsymptomen haben einen erhöhten Bedarf an Vitamin K.

Petersilie, grünes Blattgemüse wie Grünkohl, Spinat und Mangold, Tomate, Spirulina, Kürbiskerne, Eigelb, Andenbeere, Granatapfel, Miso, Cashewkerne, Soja, Gurke, Kichererbsen, Porree, Maulbeere, Brokkoli, Honig und Avocado sind natürliche und gute Quellen für Vitamin K.

Vitamin K ist fettlöslich und benötigt Fett, um vom Körper aufgenommen zu werden. In einer gesunden und normalen Darmflora wird Vitamin K im Dickdarm produziert. Das kann mit dem Verzehr darmfreundlicher Lebensmittel, die Ballaststoffe enthalten, unterstützt werden.

Vitamin C oder Ascorbinsäure ist ein wasserlöslicher Stoff, der aus der Glukose in Pflanzen und Tieren gebildet wird. Im Gegensatz zu den Tieren sind wir Menschen nicht in der Lage, körpereigenes Vitamin C herzustellen. Es ist besonders wichtig für das Immunsystem, schützt vor Infektionen und speziellen Krebsformen und unterstützt die Entgiftung des Körpers von Schwermetallen und schädlichen Zusatzstoffen. Die Aufnahme und Wirkung von Vitamin A und E, Kalzium, Eisen, Zink, Kupfer, Folsäure und einfachen Aminosäuren ist abhängig von Vitamin C. Neben seiner Funktion als starkes

Antioxidans, das Zellmembrane schützt, ist es von großer Bedeutung für das Nervengewebe, die Elastizität der Haut, gesundes Zahnfleisch, das Herz und die Hormonproduktion. Vitamin C kann Krampfadern, Hämorrhoiden und Falten vorbeugen.

Symptome bei Vitamin C-Mangel können sein: Zahnfleischbluten, akute Entzündungen, Müdigkeit, schlechte Wundheilung, Eisenmangel (und die entsprechenden Symptome), Falten, verringertes Konzentrationsvermögen, Schleimhautentzündung, Hämorrhoiden, Krampfadern, Schlafstörungen und Übergewicht.

Bei geschwächter Immunabwehr, Allergie, Rauchen, hohem Alkoholkonsum und allen Mangelerscheinungen besteht ein erhöhter Bedarf an Vitamin C. Besonders ältere Menschen sollten darauf achten, ihrem Körper genügend Vitamin C zuzuführen.

Hagebutte, rote Paprika, Apfelsine, Zitrone, Grapefruit, Cranberry, Traube, schwarze Johannisbeere, Guave, Petersilie, Granatapfel, Birne, Brennnessel, Passionsfrucht, Brokkoli, Kiwi, Erdbeere, Maulbeere, Andenbeere, Spinat, Gurke, Mungobohnenkeime, Blaubeere, Ananas, Gojibeere, Rhabarber, Ingwer, Avocado, Himbeere und Mango sind natürliche und gute Frühstücksquellen für Vitamin C.

Da Vitamin C wasserlöslich ist, scheidet der Körper einen eventuellen Überschuss aus. Eine Überdosierung über Nahrungsergänzungsmittel führt im schlimmsten Fall zu einer Irritation des Darms und vorübergehendem Durchfall. Die Gefahr, über die Nahrung zu viel Ascorbinsäure aufzunehmen, ist verschwindend gering.

Die **B-Vitamine** bilden eine Gruppe wasserlöslicher Stoffe, die in einem Vitaminkomplex mit ähnlicher Agenda im Körper vorkommen. Zu dieser Gruppe gehören Thiamin (B_1), Riboflavin (B_2), Niacin, Pantothensäure (B_5), Pyridoxin (B_6), Biotin, Cobalamin (B_{12}) und Folsäure. B-Vitamine sind als Nervenvitamine bekannt und haben eine zentrale Funktion in der Entwicklung der Neuralrohre bei Embryonen (speziell Folsäure) und der Ausbildung von Isolationshüllen um die Nervenfasern. Auch bei der Resorption energiespendender Nährstoffe wie Fett, Aminosäuren und Kohlenhydraten übernehmen sie wichtige Aufgaben. Außerdem spielen die B-Vitamine eine entscheidende Rolle in der Synthese unseres Erbmaterials (DNA) und bei der Produktion von Blutzellen, einzelner Hormone und Gallensalze, bei der Wundheilung, für die Herzfunktionen, den Appetit und generell die Vitalität.

Symptome bei Vitamin B-Mangel können sein: Müdigkeit, Stress, Nervosität, Verstopfung, Schlaflosigkeit, Gereiztheit, Blutmangel, schlechte Wundheilung, Zittern, Hautirritationen, Appetitlosigkeit, Kopfschmerz, Aphthen, Muskelkrämpfe und Konzentrationsschwierigkeiten. Vitamin B-Mangel kann durch Stress, einseitige, raffinierte Kost oder zu hohen Verzehr von Zucker, Alkohol und Antibiotika verursacht werden.

Besonders schwangere und stillende Frauen sollten regelmäßig und hoch dosiert B-Vitamine einnehmen (speziell Folsäure). Auch ältere Menschen sollten darauf achten, genügend B-Vitamine zu sich zu nehmen.

Vitamin B_{12} findet sich in den meisten tierischen Produkten, in Andenbeeren (!), milchsäurevergorenem Gemüse, in Pilzen, Eiern und Bierhefe. Eine gewisse Menge dieses Vitamins wird auch von Dickdarmbakterien produziert.
Erdnüsse, Buchweizen, Haselnüsse, Thunfisch, Eier, Haferflocken, Vollkornreis, Kichererbsen, Linsen, Hering, Basilikum, Miso, Banane, Passionsfrucht, Petersilie, Feige, Mango, Tamari, Getreide, Spargel,

Paprika, Grünkohl, Granatapfel, Gurke, Gojibeere, Ananas, Sesamkörner, Avocado, Tomate, Hirse, Quinoa, Mungobohnen, Spinat, Hagebutte, Spirulina, Brokkoli, Sardinen, Lachs, Feta (und andere Käse) und Soja sind gute und natürliche Quellen für die übrigen B-Vitamine.

Für eine optimale Ausbeute bei der Einnahme von Vitaminen über die Nahrung ist es gut zu wissen, wie die unterschiedlichen Vitamine zusammenarbeiten und die jeweiligen Funktionen im Körper gegenseitig unterstützen, also welchen Synergieeffekt die unterschiedlichen Stoffe aufeinander haben. Hier eine kurze Übersicht über Vitamin-Synergien:

Vitamin A	–	Vitamin E und Zink
Vitamin D	–	Kalzium
Vitamin E	–	Vitamin A und Selen
Vitamin C	–	Eisen, Folsäure und Kupfer
B-Vitamine	–	andere B-Vitamine, Magnesium und Vitamin C

Antioxidantien

Antioxidantien sind Stoffe, die man in Pflanzen findet und die die Eigenschaft haben, alle Zellen und alles Gewebe vor Degenerierung und schädlicher Zersetzung zu schützen, indem sie sich mit freien Radikalen verbinden und sie unschädlich machen. Besonders in Früchten, Kräutern, Samen, Nüssen, Beeren, Hülsenfrüchten und Gemüse finden wir diese Stoffe in zahllosen Formen. Einige der Antioxidantien sind Vitamine, wie Vitamin B_6, C, E und Betakarotin, andere sind Mineralien wie Selen, und einzelne Enzyme, die Zink, Mangan, Kupfer und Germanium enthalten. Darüber hinaus gibt es noch eine Reihe sekundärer Pflanzenstoffe, die sogenannten Phytochemikalien, u.a. Lycopin und Flavonoide, die starke antioxidative Eigenschaften haben. In Pflanzen sind Antioxidantien Teil des Immunsystems und schützen sie vor Krankheit, Schädigung und Stress. Unser Körper produziert einige Antioxidantien selbst. All diese Stoffe tragen dazu bei, das Risiko für Krebserkrankungen, Alzheimer, Herz- und Gefäßleiden, altersbedingte Augenleiden und rheumatische Erkrankungen zu senken.

Da viele der Antioxidantien zusammenarbeiten, ist es wichtig, unserem Körper regelmäßig ein möglichst breites Spektrum dieser Stoffe zuzuführen. Ist der Körper Stress oder Belastung unterschiedlichster Art ausgesetzt, zum Beispiel durch Krankheit, Umweltverschmutzung, Schlafmangel, psychische Belastung, Schwangerschaft, Stillen oder schwere Arbeit, erhöht sich der Bedarf an Antioxidantien erheblich. Das Gleiche gilt für Kinder und Jugendliche im Wachstum wie für ältere und rekonvaleszente Menschen.

Walnüsse, Hagebutte, Granatapfel, Guave, Hirse, Kardamom, Cranberry, Sonnenblumenkerne, Honig, Kiwi, Pfefferminze, Rosinen, Salbei, Blaubeere, Limette, Papaya, Mango, Apfelsine, schwarze Johannisbeere, Aprikose, Zitrone, Datteln, Ananas, Tomate, Chili, Zimt, Trauben, Quinoa, Brennnessel, Rote Bete, Rosmarin, Rooibos, Brombeere, Hafer, Thymian, Grapefruit, Eukalyptus, Buchweizen, Ingwer, Mungobohnenkeime, Himbeere, grüner Tee und roher Kakao sind natürliche und gute Quellen für Antioxidantien.

Mineralstoffe und Spurenelemente

Viele mineralische Grundstoffe sind lebensnotwendig und unverzichtbar für den Körper. Die verschiedenen Mineralstoffe haben unterschiedliche Funktionen und kommen in unterschiedlichen Mengen vor. Mineralien, von denen wir nur sehr wenig brauchen, werden Spurenelemente genannt. Einige Mineralien existieren als Bausteine in den diversen Strukturen des Körpers, eine Gruppe von Mineralstoffen fungiert als Elektrolyten und reguliert den Flüssigkeitshaushalt im Körper, während andere, z.B. Coenzyme und Transportmoleküle, diverse chemische Prozesse in Gang setzen. Mehrere Spurenelemente wirken außerdem als Antioxidantien und sind wichtig für die Resorption von Vitaminen.

MINERALSTOFFE

Kalzium (Ca) ist der Mineralstoff, von dem wir am meisten im Körper haben, wobei der größte Teil davon im Skelett und in den Zähnen gebunden ist. Des Weiteren ist Kalzium ein Schlüsselfaktor bei der Übermittlung von Nervenimpulsen, es spielt eine wichtige Rolle bei der Blutgerinnung, für den Hormonhaushalt und die Aktivierung einer Reihe von Enzymen. Kalzium ist nötig für die Muskelkontraktion und damit auch für die Herzfunktion. Resorption und Verwertung mehrerer Vitamine, besonders von Vitamin D, sind davon abhängig, dass Kalzium vorhanden ist.

Symptome bei Kalziummangel können sein: Knochenbrüchigkeit, vermindertes Wachstum, schlechte Zähne, brüchige Nägel, Muskelkrämpfe, stumpfes und schlaffes Haar, Nervosität, Menstruationsschmerzen, Niedergeschlagenheit, Gereiztheit und verminderte Produktion von Magensäure.

Während der Schwangerschaft und in Stillphasen, bei Stress und zuckerlastiger Ernährung sowie bei Mangelerscheinungen besteht ein erhöhter Bedarf an Kalzium. Ältere Menschen und Frauen in den Wechseljahren sollten darauf achten, dem Körper ausreichend Kalzium zuzuführen.

Sesamkörner, Petersilie, Hagebutte, Brennnessel, Spinat, Basilikum, Mungobohnen, Andenbeere, Joghurt, Feta, Mandeln, Haferflocken, Feige, Leinsamen, Garnelen, Rhabarber, Apfelsine, Grapefruit, Zitrone, Gojibeere, Tomate, Ahornsirup und Sardinen sind natürliche und gute Kalziumquellen.

Phosphor (P) ist zusammen mit Kalzium in Kalziumphosphatkristallen in der Knochenstruktur und in Zähnen gebunden. Darüber hinaus spielt Phosphor eine entscheidende Rolle bei einer Reihe chemischer Reaktionen, die mit dem Stoffwechsel, dem Erbmaterial und der Umwandlung und Verwertung von Fett verknüpft sind. Phosphor ist ebenfalls ein wichtiges Elektrolyt, das an der Regulierung des Flüssigkeits-, Säure- und Basenhaushaltes im Körper mitwirkt.

Symptome bei Phosphormangel können sein: weiche Knochen, Zahnschäden, Gewichtsverlust und reduzierte Nervenfunktion. Aber Phosphormangel kommt sehr selten vor, die meisten Menschen führen ihrem Körper mehr als genug Phosphor über die Nahrung zu. Ein erhöhter Phosphorgehalt im Blut führt zu verstärkter Ausscheidung von Kalzium, da diese beiden Stoffe gleichzeitig ausgeschieden werden. Das Resultat ist ein Mangel an Kalzium.

Magnesium (Mg) ist ein Grundstoff, über den wir ebenfalls ausreichend verfügen, es findet sich in allen Zellen des Körpers, aber über die Hälfte ist im Skelett gebunden. Dieser Mineralstoff ist ein wichtiger Faktor bei der Knochen- und Zahnbildung und spielt eine entscheidende Rolle bei der Energieverwertung und im Stoffwechsel. Magnesium reguliert den Säure-Basen-Haushalt, die Muskel- und Nervenfunktionen und ist von großer Bedeutung für den Herzrhythmus und die Blutgerinnung. Die optimale Verwertung von Vitamin E und B und eine gut funktionierende Verdauung sind ebenfalls auf genügend Magnesium im Körper angewiesen.

Symptome bei Magnesiummangel können sein: Muskelkrämpfe, Unruhe in den Beinen, Herzrhythmusstörungen, Müdigkeit, Depressionen, geschwächter Proteinstoffwechsel, Nervosität und vorzeitige Faltenbildung. Für Kinder im Wachstum, Schwangere und Frauen in den Wechseljahren, Diabetiker, Epileptiker und Herz- und Krebspatienten ist es wichtig, ausreichend Magnesium einzunehmen. Das Gleiche gilt bei erhöhtem Verzehr von raffiniertem Tafelsalz.

Magnesium ist ein Teil des pflanzlichen Chlorophylls und findet sich reichlich in grünem Gemüse wie Spinat, Petersilie, Basilikum, Paprika und Sellerie. Kürbiskerne, Sesamkörner, Banane, Hanfsamen, Buchweizen, Hirse, Ananas, Miso, Passionsfrucht, Apfelsine, Grapefruit, Tomate, Ingwer, Gurke, Brennnessel, Hagebutte, Minze, roher Kakao, Spirulina, unraffiniertes Meer- und Steinsalz, Haferflocken, Tamari, Feige, Mandeln, Mungobohnenkeime, Naturreis, Walnüsse, Sonnenblumenkerne und Quinoa sind gute und natürliche Quellen für Magnesium.

SPURENELEMENTE

Eisen (Fe) ist unentbehrlich für alle Körperzellen! Trotzdem tragen wir nicht mehr als 3 – 4 g Eisen in uns. Der größte Teil des Eisens in unserem Körper ist an das Hämoglobin in den roten Blutkörperchen gebunden, die das Gewebe und die Organe mit frischem Sauerstoff versorgen. Weniger als 1 g Eisen ist in unterschiedlicher Form in Leber, Milz und Knochenmark gespeichert. Der Rest der Eisenvorräte ist im ganzen Körper verteilt. Unsere psychische und physische Gesundheit sowie unser Wohlbefinden hängen davon ab, dass wir zu jeder Zeit genügend Eisen im Körper haben. Es macht uns vital, ausdauernd, wach und stark. Trotzdem sollten wir nicht vergessen, dass unser Bedarf an Eisen begrenzt ist und es keinen Mechanismus gibt, die Aufnahme oder das Ausscheiden überschüssiger Mengen dieses Spurenelementes zu regulieren. Man sollte darum vorher sicherstellen, dass wirklich ein Defizit vorliegt, ehe man Eisen über Nahrungsergänzungsmittel einnimmt.

Symptome bei Eisenmangel können sein: trockene und spröde Haut, mattes und trockenes Haar, wiederholte Infektionen der Atemwege, Appetitlosigkeit, Verstopfung oder Durchfall, kräftige Menstruationsblutungen, Kopfschmerz, schlechte Kondition, Herzklopfen, innere Unruhe, Schlaflosigkeit, Stimmungsschwankungen, niedriges Leistungsniveau, Nervosität, gedämpfter Geschlechtstrieb und Niedergeschlagenheit.

Bei starker Menstruationsblutung, mangelhafter Ernährung, anhaltenden Infektionskrankheiten und Mangelerscheinungen sollte eine erhöhte Einnahme von Eisen in Erwägung gezogen werden – vorzugsweise durch eisenreiche Ernährung. Dasselbe gilt für Schwangere und bis einige Monate nach dem Abstillen.

Dunkelgrünes Blattgemüse wie Spinat, Mangold und Grünkohl, Kürbiskerne, Brennnessel, Paprika, Zitrone, Passionsfrucht, Ahornsirup, Limette, Gojibeere, Tomate, Cranberry, Gurke, Tamari, Honig, Brokkoli, Sesamkörner, Mungobohnen, Leinsamen, Aprikose, Andenbeere, Mango, Basilikum, Papaya, Granatapfel, Miso, Hirse, Haferflocken, Petersilie, Gerste, Linsenkeime, Haferkleie, Quinoa, Spirulina und roher Kakao sind allesamt gute und natürliche Eisenquellen.

Denken Sie daran, dass Vitamin C die Aufnahme von Eisen begünstigt – essen Sie rote Paprika, Granatäpfel, Aprikosen, Physalis, Maulbeeren, Brokkoli, schwarze Johannisbeeren, Grünkohl und Petersilie, die sowohl Eisen als auch Vitamin C enthalten!

Selen (Se) ist ein Antioxidans, das uns vor schädlichen Stoffen wie Schwermetallen, synthetisch hergestellten Medikamenten und radioaktiver Strahlung schützt sowie generell Stress auf Zellebene entgegenwirkt. Es verhindert das Ausflocken von Fettstoffen und schützt uns auf diese Weise vor Kreislauferkrankungen. Des Weiteren stärkt es unser Immunsystem, die Geschlechtsdrüsen und die Leberfunktion und kann gegen bestimmte Krebsformen schützen. Ähnlich wie der Gehalt anderer Nährstoffe in Lebensmitteln ist der Selengehalt landwirtschaftlicher Produkte vom Selengehalt des jeweiligen Erdbodens abhängig. Das bedeutet, dass Menschen, die in Gegenden mit selenarmer Erde leben (z.B. in Nordeuropa), besonders auf gute Selenquellen achten sollten.

Symptome bei Selenmangel können sein: Muskelschwächung, Sklerose, Ekzeme, Schuppenflechte, Kreislauferkrankungen, Leberschäden, Sterilität, Impotenz, Diabetes und Krebs im Verdauungstrakt.

Bei hohem Alkoholkonsum, chronischen Erkrankungen im Verdauungsapparat, rheumatischen Beschwerden und Mangelerscheinungen besteht ein erhöhter Bedarf an Selen. Das Gleiche gilt für Schwangere, Stillende und Raucher.

Sonnenblumenkerne, Makrele, Leinsamen, Hirse, Walnüsse, Cashewkerne, Kokos, Sesam, Hering, Ei, Garnelen und Buchweizen sind gute und natürliche Selenquellen. Das Gleiche gilt für Getreide, das in selenhaltiger Erde angebaut wurde.

Zink (Zn) ist in einer Reihe von Enzymen enthalten, u.a. in jenen, die an den Stoffwechsel gebunden sind, und es ist an der Produktion von Geschlechtshormonen, des Erbguts, der Wundheilung und der Neubildung von Proteinen beteiligt. Das Insulinmolekül besteht u.a. aus Zink, was diesem Spurenelement einen ganz zentralen Platz in der Verwertung von Kohlenhydraten beschert. Und nicht zu vergessen: unser Geschmackssinn funktioniert nur mit Zink normal.

Symptome bei Zinkmangel können sein: Wachstumsverzögerung, angeborene Missbildungen, Hormonstörungen, verzögerte Geschlechtsreife, Hautveränderungen, eingeschränkter Geschmacks- und Geruchssinn, verminderte Wundheilung, Depressionen, Mundgeruch, weiße Flecken auf den Nägeln, geschwächtes Immunsystem, Appetitlosigkeit, Haarausfall, Diabetes, wiederholte Infektionskrankheiten, Leber- und Nierenprobleme, Knochenbrüchigkeit und Epilepsie.

Bei hohem Flüssigkeitsverlust infolge von Schwitzen, gefährlichen Verbrennungen, entwässernden Medikamenten und Lebensmitteln sowie während der Schwangerschaft, bei Leberzirrhose, Erkran-

kung der Nieren, hohem Alkoholkonsum und Mangelerscheinungen hat der Körper einen erhöhten Bedarf an Zink.

Sesamkörner, Kürbiskerne, Datteln, Hirse, Haferflocken, Mandeln, Cashewkerne, Ei, Buchweizen, Andenbeere, Tomate, Miso, Gurke, Brennnessel, Hanfsamen, Ahornsirup, Ananas, Fetakäse, Sojamilch, Mungobohnen, Paprika, Vollkornreis, Erdnussbutter und Aprikose sind gute und natürliche Quellen für Zink.

Kupfer (Cu) ist wichtig für die Bildung des die Haut schützenden Pigments und für die natürliche Haarfarbe. Immunabwehr, Gehirn, Sauerstofftransport, Bindegewebe, Nerven und Proteinstoffwechsel sind alle von Kupfer abhängig, um normal zu funktionieren.

Symptome bei Kupfermangel können sein: geringere Immunabwehr, Herz- und Gefäßerkrankungen, Anämie, Verzögerung des Wachstums bei Kindern, Nervosität, Verdauungsbeschwerden, Haarausfall, Nierenleiden, Pigmentstörungen, Hautveränderungen, Gelenkrheumatismus sowie einige Krebsformen.

Kupfermangel kommt nicht sehr häufig vor, aber bei chronischen oder ernsthaften Erkrankungen im Magen- oder Darmbereich wie zum Beispiel Zöliakie und Morbus Crohn, bei Nierenversagen bzw. Nierenleiden oder genetisch bedingter Kupferstoffwechselstörung (Menkes-Krankheit) besteht ein erhöhter Bedarf an Kupfer.

Mungobohnen, Sesamkörner, Cashewkerne, Mandeln, Kichererbsen, Buchweizen, Linsenkeime, Walnüsse, Ingwer, Naturreis, Eigelb, Guave, Datteln, Miso, Haferflocken, Avocado, Aprikose, Hirse, Kakao, Feige, Kokos, Mango, Rosinen, Brennnessel, Granatapfel, Spinat, Grünkohl, Ananas, Petersilie, Makrele, Tamari, grüne Paprika, Spirulina, Tomate und Gerste sind gute und natürliche Quellen für Kupfer.

Chrom (Cr) hat große Bedeutung für die normale Entwicklung des Embryos, für die Augen und die Adern. Es wirkt sich auf den Blutzuckerhaushalt aus, indem es den Effekt von Insulin verstärkt. Und Chrom ist am Transport von Aminosäuren, bei der Proteinverwertung und beim Abbau von Fetten und Kohlehydraten beteiligt.

Symptome bei Chrommangel können sein: Herz- und Gefäßerkrankungen, Schwankungen vom Blutzuckerspiegel, grauer Star und Arterienverkalkung.

Bei Diabetes, Hypoglykämie (niedriger Blutzuckerspiegel), Herz- und Gefäßerkrankungen, einem erhöhten Verzehr von Zucker und großem Verlangen nach Süßem ist es wichtig, dem Körper

Chrom zuzuführen. Das gilt auch für Schwangere und ältere Menschen.

Ananas, Sesamkörner, Soja, Brennnessel, Linsen, Spinat, Andenbeere, Petersilie, Makrele, Hering, Mandeln, Honig, Sonnenblumenkerne, Haferflocken, Thunfisch und Leinsamen sind gute und natürliche Quellen für Chrom.

Mangan (Mn) reguliert den Blutzuckerspiegel, stimuliert die Bauchspeicheldrüse und ist Bestandteil mehrerer Enzyme, die bei der Umwandlung von Kohlenhydraten, Proteinen und Fett mitwirken. Mangan stärkt das Nervensystem und hat eine große Bedeutung für die Resorption von Eisen und den Sauerstofftransport in die Zellen, für die Pigmentierung von Haut und Haar, für die Netzhaut des Auges, das Skelett, die Verdauung und Fruchtbarkeit. Dieses Spurenelement ist ein starkes Antioxidans und wirkt antiseptisch.

Symptome bei Manganmangel können sein: Eisen- und Blutmangel (Anämie), Impotenz, Sterilität, abnorme Knochenbildungen, gestörter Gleichgewichtssinn, Struma, Asthma und psychische Störungen. Manganmangel ist außerdem mit Epilepsie, Diabetes und bestimmten Krebsformen verknüpft.

Bei hohem Alkoholkonsum sollte dem Körper zusätzlich Mangan zugeführt werden, da Alkohol das Ausscheiden dieses Spurenelementes verstärkt. Bei Eisenmangel, Allergien und Mangelerscheinungen steigt der Manganbedarf.

Safran, Kardamom, Zimt, Haselnüsse, Minze, Petersilie, Hafer, Banane, Andenbeere, Miso, Ahornsirup, Spirulina, Quinoa, Spinat, Basilikum, Tomate, Mungobohnenkeime, Paprika, Ananas, Tamari, Walnüsse, Kürbiskerne und Buchweizen sind gute und natürliche Quellen für Mangan.

Patent

Grütze, Gries und Crunchy

Müsli

Eine von unzähligen Frühstücksmischungen, die man individuell zusammenstellen kann – auf einer Basis von Nüssen, Samen, Kernen, getrockneten Früchten, Beeren und Körnern. Diese Variante ist glutenfrei, aber Sie können das Ganze auch mit verschiedenen Getreidesorten in Form von Roggen-, Gersten-, Weizen- oder Dinkelflocken ergänzen. Natürlich können Sie auch mit anderen Samen, Nüssen, Früchten und Beeren experimentieren.

• • •

- 1 Tasse Haferflocken
- 1 knappe Tasse Buchweizenflocken
- evtl. 1 knappe Tasse Sojaflocken
- 1 Tasse grob gehackte Walnüsse
- 1 Tasse grob gehackte Mandeln
- 1 Tasse grob gehackte Haselnüsse
- 1 Tasse trocken geröstete Sonnenblumenkerne
- 1 knappe Tasse Kürbiskerne
- 1 Tasse Rosinen
- 1 knappe Tasse Cranberrys
- 10 grob gehackte Aprikosen

• • •

Mischen Sie alle Zutaten und füllen Sie die Mischung in ein Glas oder einen Behälter mit Deckel. Essen Sie Ihr Müsli mit selbst gemachter Mandelmilch (S. 103), Reismilch, Sojamilch oder Joghurt, frischen Bananenscheiben und frischen Beeren – wenn gerade die Saison dafür ist.

Geben Sie der Frühstücksmischung einen Hauch von Luxus mit ein paar Esslöffeln säuerlichen Andenbeeren und süßen Maulbeeren, hauchdünnen Kokosflocken und einer Prise Zimt. Ich streue gern zerstoßene Kardamomsamen über die Mischung.

Sojaflocken sind reich an Proteinen und machen lang anhaltend satt. Soja ist außerdem reich an Vitamin K, mehreren B-Vitaminen, Mineralien und Spurenelementen.

Knuspermüsli (Crunchy)

Für Knuspermüsli – oft auch Crunchy genannt – gibt es unendlich viele Varianten. Alle Mischungen sind natürlich glutenfrei und reich an Proteinen, Ballaststoffen, Mineralien, Pflanzenöl und langsamen Kohlenhydraten. Jedes Mal, wenn ich Knuspermüsli zubereite, wird es anders als das Mal davor, je nachdem, welche Körner, Kerne und Nüsse, Früchte und Beeren ich gerade vorrätig habe. Nach vielen Versuchen mit unterschiedlichen Mischungen und Zubereitungsweisen bin ich zu dem Ergebnis gekommen, dass man getrocknete Früchte und Beeren erst zum Ende der Röstzeit dazugeben sollte, damit sie nicht hart und trocken werden.

Hier folgen nun meine Mischungen, die ich am häufigsten zubereite – mit der Einladung zum weiteren Improvisieren!

Kardamomfrühstück

Kardamom dämpft den charakteristischen, leicht bitteren Buchweizengeschmack. Manche Menschen sagen außerdem, dass Kardamom Balsam für die Seele ist.

• • •

- 1 Tasse grobe Haferflocken
- 1 Tasse Buchweizenflocken
- 2 TL zerstoßener Kardamom (ich zerdrücke die Samen im Mörser)
- 200 ml Wasser
- 2 EL Honig
- 1 EL Kokosöl extra vergine
- ½ Tasse grob gehackte Mandeln
- ½ Tasse grob gehackte Walnüsse
- ½ Tasse Rosinen
- 1 Handvoll getrocknete Cranberrys oder getrocknete Andenbeeren
- ½ Tasse grob gehackte getrocknete Aprikosen

• • •

Den Backofen auf 175 °C vorheizen. Kokosfett auf ein Backblech legen und im Backofen erhitzen, bis es schmilzt, dann das Blech wieder herausnehmen. Zwei Esslöffel Honig in warmem Wasser auflösen und gut verrühren. Die Flocken und den Kardamom in einer großen Schüssel mischen, das Honigwasser über die trockenen Flocken gießen und das Ganze mit einem Löffel vermengen. Verteilen Sie die Masse auf dem Backblech und schieben Sie das Blech auf mittlerer Schiene für 15 Minuten in den Ofen. Das Blech herausnehmen, die Masse gut wenden und noch einmal für 15 Minuten in den Ofen schieben. Dann das Blech wieder herausnehmen, die restlichen Zutaten untermischen und abschließend noch einmal 10 Minuten im Ofen rösten. Das Knuspermüsli auf einem Rost abkühlen lassen, dann in ein großes Deckelglas umfüllen.

Alternativ zu Milchprodukten können Sie das Knuspermüsli auch mit Reisdrink, Sojamilch, Hafermilch (S. 101) oder Mandelmilch (S. 103) anrühren. Bananenscheiben, Apfelspalten oder frische Beeren passen gut dazu.

Knuspermüsli ist sehr lecker als Streusel auf selbst gemachter Joghurt-Eiscreme!

Cashewkokos mit Cranberrys und Papaya

• • •

- 1 EL Kokosöl extra vergine
- 2 Tassen grobe Haferflocken
- 1 Tasse ungesalzene Cashewkerne
- ½ Tasse Kokosraspel
- 200 ml purer Fruchtsaft, gerne Ananas oder tropische Mischung
- ½ Tasse getrocknete Cranberrys
- ½ Tasse getrocknete Papaya

• • •

Den Ofen auf 175 °C vorheizen, Kokosöl auf ein Backblech geben und das Blech für eine Minute in den Ofen schieben, bis das Fett geschmolzen ist. Dann das Blech wieder herausnehmen. Mischen Sie die Flocken, Nüsse und Kokosraspel in einer großen Schüssel und gießen Sie den Saft darüber. Mit einem Löffel gründlich vermengen. Die Masse auf dem Backblech verteilen und auf mittlerer Schiene 15 Minuten backen. Das Blech herausnehmen und die Masse gut wenden. Für weitere 15 Minuten in den Ofen schieben, danach die restlichen Zutaten unterrühren und abschließend noch einmal 10 Minuten backen. Das fertige Knuspermüsli im Backblech auf einem Rost abkühlen lassen. Erst wenn der Frühstücksmix ganz abgekühlt ist, in ein großes Deckelglas umfüllen.

Buchweizengrütze

Für 4 Portionen brauchen Sie:

1 ½ Tassen ganzen Buchweizen, gerne über Nacht eingeweicht

ca. 600 ml Wasser

eine Prise Salz

200 – 300 ml Hafer-, Reis- oder Sojamilch

Wenn Sie den Buchweizen am Vorabend einweichen, lässt sich die Grütze am nächsten Morgen rascher zubereiten. Eine Handvoll leicht geröstete Nüsse und Körner oder Kerne und etwas frisch geschnittenes Obst dazu, und Ihr Körper bekommt einen Großteil dessen, was er für einen guten Start in den Tag braucht.

Das Wasser, in dem der Buchweizen über Nacht eingeweicht war, abgießen und die Körner gründlich unter kaltem Wasser abspülen. Buchweizen, der nicht eingeweicht wurde, muss ein paar Mal abwechselnd unter kochend heißem und kaltem Wasser abgespült werden, um die Bitterstoffe aus den Körnern zu entfernen. Den Buchweizen in einen dickbödigen Topf geben, Salz darüberstreuen und dann das Wasser aufkochen und bei kleiner Temperatur weiterköcheln lassen, bis alles Wasser verkocht ist. Milch zugießen und weiterköcheln, bis der Buchweizen breiig wird.

Gourmetgrütze

Eine luxuriöse und glücklich machende Mischung, die von Kopf bis Fuß Kraft gibt!

• • •

Für 4 Portionen:

- 1/4 Tasse Quinoaflocken
- 1/4 Tasse Hirseflocken (sie dürfen nicht zu alt sein, da sie schnell ranzig werden)
- 1/4 Tasse Reisflocken von Vollkornreis
- 1/4 Tasse zerstoßene Leinsamen
- 3 EL Haferkleie
- 1 Handvoll Gojibeeren
- 1 Handvoll Andenbeeren
- 8 getrocknete Aprikosen, fein gehackt
- 600 ml Wasser
- 100 – 200 ml Sojamilch
- unraffiniertes Meer- oder Steinsalz

• • •

Mischen Sie alle trockenen Zutaten (außer dem Salz) in einem dickbodigen Topf. Wasser dazugießen und die Masse aufkochen lassen. Wenn sie beginnt, breiig zu werden, die halbe Menge der Sojamilch dazugießen und verrühren. Das Ganze ein paar Minuten köcheln lassen und eventuell etwas Milch zugießen, bis die gewünschte Konsistenz erreicht ist. Das Salz erst ganz zum Schluss unterrühren. Die Grütze warm servieren. Dazu passen gut: Körner-Kerne-Mix (siehe unten), etwas Kokosöl extra vergine oder selbst gebutterte Butter (S. 127), Zimt, eine Handvoll Cranberrys und Vollrohrzucker oder Ahornsirup.

Bereiten Sie eine große Portion der Körner-Kerne-Mischung vor und bewahren Sie sie in einem luftdichten Glas auf, damit Sie auch dann, wenn Sie morgens wenig Zeit haben, problemlos ihre Grütze kochen können.

Körner-Kerne-Mix

Eine kleine Handvoll Mandeln und ebenso viele Haselnüsse grob hacken. Mit einer kleinen Handvoll Sonnenblumenkerne bei mittlerer Hitze ohne Fett in einer Pfanne rösten, bis die Mischung goldgelb aussieht und aromatisch zu duften beginnt. Gegen Ende eine kleine Handvoll ungeschälte Sesamkörner dazugeben. Nach dem Abkühlen in ein verschließbares Glas umfüllen.

Jahrhundertgrütze

• • •

1 Tasse Haferflocken

3 EL zerstoßene Leinsamen

3 EL Haferkleie

3 – 4 getrocknete Feigen, klein gewürfelt

500 – 600 ml Wasser

½ TL unraffiniertes Meer- oder Steinsalz

Setzen Sie den Grützetopf am Abend an, Salz zufügen und am nächsten Morgen kurz aufkochen – fertig ist das Frühstück!

Meine Großmutter war eine weltgewandte, umschwärmte kulinarische Autorität, die den längsten Teil ihres Lebens in einer modernen Metropole lebte, in einer der größten Zeitungen eine eigene Essenskolumne hatte und gediegene Feste für die Schickeria gab. Sie hat einige der namhaftesten Restaurants dieser Welt besucht und alles probiert und gegessen, was der Gaumen nur begehrt. Doch in ihrer ganzen Zeit der gastronomischen Ausschweifungen hat sie an *einer* Gewohnheit bedingungslos und treu festgehalten – auf ihrem Tisch war die erste Mahlzeit des Tages grundsätzlich ein Teller *Hafergrütze Spezial*, und ich stelle mir immer vor, dass es genau dieser Grütze zu verdanken ist, dass die alte Dame nun bald hundert Jahre alt wird!

• • •

Alle Zutaten, bis auf das Salz, in einem Topf mischen, aufkochen und 5 – 10 Minuten köcheln lassen, bis die Masse die von Ihnen bevorzugte Konsistenz hat. Das Salz wird zum Ende der Kochzeit zugegeben. Essen Sie die Grütze mit Körner-Kerne-Mix (S. 45) und einem kleinen Löffel extra vergine Kokosöl oder echter Butter – gerne selbst gebuttert (S. 127)!

Hirsegrütze mit Cranberrys und Kokos

Eine luftige und delikate Mischung – harmonisch säuerlich, kompakt, leicht und ungewöhnlich nahrhaft.

Spülen Sie die Hirse gründlich wechselweise mit kaltem und heißem Wasser ab, um die Bitterstoffe zu entfernen. Mit der angegebenen Menge Wasser in einem Topf ansetzen und köcheln lassen, bis das Wasser vollständig von den Körnern aufgenommen ist. Milch zugießen und bei niedriger Temperatur unter regelmäßigem Rühren köcheln, bis die Masse breiig wird. Rühren Sie eine Prise Salz unter und servieren Sie die Grütze mit einem Schuss extra vergine Kokosöl, Cranberrys und Kokosraspeln.

Für 4 Personen:

1 große Tasse ganze Hirse

400 ml Wasser

100 – 200 ml Reis- oder Sojamilch, je nach Konsistenz, die Sie bevorzugen

Salz

Kokosöl extra vergine

1 knappe Tasse getrocknete Cranberrys

1 knappe Tasse Kokosraspel

Obst und Gemüse

Buntes Obst und Gemüse sind unsere wichtigste natürliche Quelle für Vitamin C, Antioxidantien und Phytochemikalien. In den Farbstoffen der Früchte stecken wertvolle Nährstoffe, die unser Körper täglich braucht. Früher hieß es: «Ein Apfel am Tag den Doktor spart.» Inzwischen ist die Zahl auf fünf, sechs oder zehn angestiegen, je nachdem, in welchem Land man lebt. Frische Früchte sorgen nicht nur für eine gesündere Verdauung, sondern ganz generell für einen gesunden und starken Körper und speziell für einen wachen und klaren Kopf. Mein Appell also an Sie: Machen Sie Obst und Gemüse zur Basis ihres täglichen Speiseplans und essen Sie so viel davon und so abwechslungsreich wie möglich!

Nicht jeder Mensch hat schon kurz nach dem Aufstehen Appetit; für viele ist die Zeit morgens knapp und der Weg zur Tür hinaus ohne Frühstück kurz. Dabei ist eine Schale frisch aufgeschnittenes Obst so schnell und einfach zubereitet. Wenn Sie keine Zeit haben, das Obst zu essen, bevor Sie los müssen, schneiden Sie es direkt in eine verschließbare Box, dazu eine Handvoll gehackte Haselnüsse oder Walnüsse, und genießen Sie es unterwegs oder wenn Sie am Ziel sind. Die Variationen von Obstsalat sind unendlich – lassen Sie Ihrer Fantasie freien Lauf, entsprechend der Saison, Ihrem Geschmack, Ihrem Portemonnaie, Ihrer Lust und Laune, und mixen und experimentieren Sie mit den leckeren Versuchungen für Groß und Klein. Und denken Sie daran, dass die einfachsten Dinge oft die besten sind. Mischt man zu viele Geschmacksrichtungen und Konsistenzen, übertönen sie sich leicht. Gegensätze ziehen sich an, hier wie in anderen Lebensbereichen, und etwas Weiches, Mildes harmoniert gut mit etwas Scharfem, Säuerlichem. Es folgen ein paar lieb gewonnene Varianten, die fester Bestandteil unseres Frühstückstisches geworden sind, das ganze Jahr hindurch.

Papaya mit reifer Limette

• • •

1 reife Papaya

2 reife Limetten, unter heißem Wasser abspülen und leicht hin und her rollen, weil sie dann leichter zu pressen sind.

Papaya und Limette sind wie füreinander geschaffen. Ich dachte, ich mag Papaya nicht, aber das war, bevor ich diese beeindruckende Frucht dort serviert bekommen habe, wo sie unter der Sonne wächst und reift. Ich hatte das große Glück, jeden Tag einen Teller von der frisch geernteten Frucht serviert zu bekommen, und habe dort zum ersten Mal (neben vielem anderen) limettengetränkte Papaya probiert. Von dem Augenblick an war es um mich geschehen … Ich kann nur jedem raten, dieses Geschmackserlebnis auszuprobieren, das wie ein sattroter, innerer Sonnenaufgang ist.

• • •

Teilen Sie die Papaya und entfernen Sie die Kerne (soweit Sie nicht zu denen gehören, die die Kerne mögen – sie schmecken ein bisschen wie Kapuzinerkresse). Schneiden Sie die Hälften in Schnitze, entfernen Sie die Schale und schneiden Sie das Fruchtfleisch in Würfel. Die Würfel in eine Schüssel füllen, die Limette aufschneiden und den gesamten Saft über der Papaya auspressen. Mischen und genießen!

Mmmh … Minzmelone

Eine Handvoll fein gehackte Minze macht eine Wassermelone zu einem noch erfrischenderen Genuss in der Sommerhitze!

Die Wassermelone in dünne Scheiben schneiden, die Schale entfernen und die Scheiben in kleinere Stücke schneiden und eine Schicht in eine Schale füllen. Fein gehackte Minze darüberstreuen. Schichten Sie weiter abwechselnd Melone und Minze übereinander. Am besten und intensivsten schmeckt diese Köstlichkeit, wenn man der Melone und der Minze eine halbe Stunde Zeit lässt, ihre Geheimnisse auszutauschen. Lässt sich gut abends vorbereiten und mit einem Deckel über Nacht im Kühlschrank lagern. So haben Sie im Handumdrehen ein wunderbares Sommerfrühstück gezaubert. Oder eine Portion für die Bus- oder Straßenbahnfahrt.

Eine Sonnenscheingeschichte

Für 2 bis 3 Personen:
3 saftige Apfelsinen
2 Grapefruit
1 Granatapfel
eine Handvoll frisch gezupfte Basilikumblätter

Über diese wunderbare Mischung muss gar nichts Weiteres gesagt werden. Sie reicht für 2 bis 3 Personen.

Die Zitrusfrüchte schälen, zuerst in Scheiben und dann in Tortenstückchen schneiden. Die Fruchtstücke und das Basilikum abwechselnd auf einem tiefen Teller schichten. Rollen Sie den Granatapfel mit der Handfläche auf der Arbeitsfläche, damit die Kerne sich innen von der Schale lösen. Machen Sie einen Schnitt in die Schale und brechen Sie den Apfel auf. Lassen Sie den Granatapfelsaft auf die Apfelsinen- und Grapefruitstücke tropfen. Dann die Kerne herauskratzen und über die Mischung streuen.

Mit einer Handvoll leicht geröstetem Nuss-Körner-Kerne-Mix ist das Obstfrühstück so gut wie komplett!

Malawi-Frühstück

Über die Begegnungen mit anderen Menschen hinaus sind es auf Reisen oft die Essenseindrücke, die mir besonders am Herzen liegen. Sei es in Form von Lebensmitteln, die ich von Nah und Fern mit nach Hause schmuggle, oder als Geschmackserlebnisse, Düfte, Erinnerungsbilder sich biegender Marktstände, Inspirationen für gastronomische Kompositionen oder eines Geheimrezeptes aus einer fremden Küche. Auf diese Weise klingt die Reise noch eine Weile nach, wenn ich schon längst wieder zu Hause bin. Und so kann man ein Verandafrühstück an einem afrikanischen Binnensee selbst an einem Januartag hinter Gardinen aus Schneeflocken in der heimischen Küche noch einmal erleben. Erinnerungen an Morgenstunden mit guten Freunden, der Anblick fremder Länder im Morgendunst, ein reicher Erlebnisschatz vor und hinter mir und eine Schale mit sonnengereiften Früchten sind die Basis für diesen Salat.

2 saftige Apfelsinen, geschält und in Stückchen geschnitten

2 Äpfel, gut gewaschen und in Stückchen geschnitten

½ Honigmelone, geschält und in Stücke geschnitten

2 Avocado, geschält und in Stücke geschnitten

2 EL fein gehackte Minze (kann weggelassen werden)

2 EL grob gehackte Mandeln (kann weggelassen werden)

Legen Sie die Apfelsinenstücke in eine Schale und mischen Sie Apfelstücke, Melone und Avocado unter. Umrühren und mit Minze und Mandeln bestreuen.

Sprossen und Keimlinge

Sprossen und Keimlinge zu ziehen ist das einfachste und inspirierendste Gärtnerprojekt, das man sich denken kann. Vergessen Sie alle komplizierten Vorrichtungen, die extra angeschafft werden müssen und Platz brauchen. Alles, was Sie zum Anlegen Ihrer persönlichen Küchenoase brauchen, ist ein etwas größeres Einmachglas, ein Stück Baumwollstoff und ein Gummiband. Es gibt eigentlich kaum eine Hülsenfrucht, die sich nicht durch eine regelmäßige Wasserdusche zum Leben erwecken lässt. Sprossen gehören zu den nährstoffreichsten Lebensmitteln, die wir zu uns nehmen können, und eignen sich hervorragend für einen schnellen Start in den Tag. Mungobohnen, Alfalfa (Saat-Luzerne), grüne Linsen, Kichererbsen und Adzukibohnen keimen schnell und bringen eine nahezu hundertprozentige Ausbeute.

Füllen Sie ein hohes Glas zu einem Drittel mit den gewünschten Samen. Das Glas nun mit frischem Leitungswasser auffüllen und die Samen über Nacht quellen lassen. Ein Sieb über die Glasöffnung legen und das Einweichwasser abgießen. Dann frisches Wasser nachfüllen und den Vorgang einige Male wiederholen. Danach spannen Sie ein Stück Baumwollstoff mit einem Gummiband über die Öffnung, drehen das Glas auf den Kopf (damit das restliche Wasser abfließen kann) und stellen es leicht schräg auf einen Teller oder in eine Schale. Lagern Sie das Glas dunkel oder legen Sie ein Küchenhandtuch darüber, damit die Samen das Gefühl bekommen, sie liegen sicher in feuchter, dunkler, warmer Erde. Spülen Sie die Samen mehrmals täglich ab und essen Sie sie, sobald sie mit ihren kleinen Sprossenschwänzen zu «winken» beginnen. Früher habe ich meine Sprossengläser immer in einen Schrank gestellt, aber inzwischen stehen Sie mit einem Tuch abgedeckt in der Nähe des Waschbeckens. Da vergisst man nicht so schnell, sie regelmäßig abzuspülen und vor allen Dingen zu essen!

Man kann die Samen auch in einem Stoffbeutel aus Leinen, Hanf oder Baumwolle keimen lassen. Hängen Sie den Beutel über das Waschbecken und spülen Sie die Samen regelmäßig, damit sie nicht austrocknen.

Getreidegräser

Um aus Weizen, Gerste, Emmer oder Kamut Gras zu ziehen, füllen Sie einen Behälter mit Erde und stellen Sie ihn ins Helle. Lassen Sie die Körner, die keimen sollen, über Nacht in Wasser quellen, ehe Sie sie gleichmäßig auf der Erde verteilen. Die Erde regelmäßig befeuchten, damit die Körner nicht austrocknen. Erst dauert es eine Weile, bis Getreidegras keimt, aber dann hat man im Handumdrehen ein knallgrünes Stückchen Rasen auf dem Fensterbrett. Ernten Sie das Gras, bevor sich ein Halm bildet, und pressen Sie das Chlorophyll aus den Halmen. Wenn Sie (im Gegensatz zu mir) eine Saftpresse besitzen, können Sie eine gute Handvoll frisch geschnittene Halme in die Presse geben und mit 100 ml frischem Wasser aufgießen. Auf hoher Stufe zu einem schaumigen Saft verarbeiten und durch ein Sieb in ein Glas umfüllen. Das Resultat ist das fantastische Gefühl, eine frisch gemähte Sommerwiese zu trinken!

Tante Lilas bunter Blütensalat

• • •

1 Grapefruit, gerne rosa (wegen der Optik)

½ Honigmelone

2 Äpfel

1 gehäufter EL verlesene getrocknete Blütenblätter – selbst getrocknet, aus der Apotheke oder vom Kräuterhändler

3 EL grob gehackte Haselnüsse, Walnüsse oder Pekannüsse

Dieser Obstsalat könnte direkt aus der Küche der bekannten «Beskow-Tanten» stammen: Tante Grün, Tante Braun und Tante Lila, wie die schwedische Kinderbuchautorin Elsa Beskow sie porträtiert hat. Ein Salat mit frischen Äpfeln und getrockneten Blütenblättern aus dem Garten, einer Honigmelone aus Onkel Blaus Treibhaus, einer rosa Grapefruit und einer kleinen Handvoll Nüsse von einem fahrenden Krämer.

• • •

Schälen und schneiden Sie die Grapefruit und die Melone in kleine Stücke. Geben Sie sie in eine Schale und schneiden Sie Apfelstückchen hinein. Gut mischen und die getrockneten Blüten und Nüsse darüberstreuen.

Sollten wider Erwarten Reste übrig bleiben, verwandeln Sie sie in einem Mixer zu einem Smoothie oder mit Joghurt und flüssigem Honig zu Eis.

Mung-Morgen

Diese Mischung strotzt nur so vor Vitalität und Licht und ist ein echtes Powerfrühstück, über das Ihr Körper jubeln wird!

• • •

Waschen und reinigen Sie das Obst und Gemüse gründlich. Die Melone schälen, die Kerne aus dem Apfel und der Paprika entfernen und alles in Stücke schneiden. In eine Schüssel geben und Mungobohnensprossen und fein gehackte Minze untermischen.

Wenn Sie einen richtigen Hallo-Wach-Kick brauchen, mischen Sie etwas fein gehackten grünen und roten Chili in den Salat!

• • •

2 Portionen:

½ Cantaloupe- oder Honigmelone

1 Apfel

½ gelbe Paprika

½ orange Paprika

½ grüne Paprika

1 Tasse Mungobohnen- oder andere Sprossen, z.B. grüne Linsen oder Adzukibohnen – oder einen Mix verschiedener Sorten

eine Handvoll frische Minze oder andere frische Kräuter, fein gehackt

Glücklicher Joghurt

Ökologischer Naturjoghurt macht mich glücklich. Damit kombiniere ich, was Küche und Vorratsschrank zu bieten haben. Meistens lande ich bei einer Mischung aus frischen oder getrockneten Beeren, Nüssen und Körnern oder Kernen – in unzähligen Varianten. Nüsse, Körner und Kerne spenden Energie, die lange anhält, weil sie voller essenzieller Fettsäuren für den Körper und das Gehirn stecken, während Früchte und Beeren Träger von Vitaminen und Antioxidantien, Phytochemikalien, Mineral- und Ballaststoffen sind.

Bei diesem Rezept mischen sich sauer und süß, harmonisch und weich mit dem richtigen Kauwiderstand.

Naturjoghurt
Apfelstückchen
Bananenscheiben
getrocknete Cranberrys
Pekan- oder Walnüsse
Haselnüsse
zerstoßene Leinsamen
ganze Sesamkörner
flüssiger Honig

Füllen Sie mehrere Löffel Joghurt in eine Schale. Apfelstückchen, Bananenscheiben und Cranberrys dazugeben. Die Nüsse grob hacken und mit den Sesamkörnern und Leinsamen daruntermischen. Mit etwas flüssigem Honig abschmecken – und genießen!

Allerlei Gekochtes

Hirsotto

Es gibt mindestens so viele Varianten, ein gekochtes Frühstück aus Hirse, Reis oder Quinoa zuzubereiten, wie es Tage im Jahr gibt und Menschen, die das mögen. Die Grundlage sind gekochte Flocken oder Körner, frisches, fein oder grob geschnittenes Obst oder Gemüse, gekrönt mit Nüssen, Samen, Sprossen, Kräutern, Algen oder Blüten – oder eine leckere Mischung aus allem. Man erhält eine nährstoffreiche Mahlzeit, die lange anhält.

Hier folgt eine einfache Variante mit Hirse und Gemüse als Basis – eine Proteinbombe mit allen Mineralstoffen, die man sich wünschen kann, guten Fettsäuren, Antioxidantien, haufenweise Vitaminen und viel Geschmack!

• • •

- ganze Hirse
- grüne Paprika, fein gehackt
- Petersilie oder frische Minze, fein gehackt
- Fenchel, klein gewürfelt
- Frühlingszwiebel, fein gehackt
- Cashewkerne, grob gehackt und leicht trocken geröstet
- Walnussöl

• • •

Die Hirse wie auf der Packung angegeben kochen – gern am Vorabend, bevor Sie sie verarbeiten wollen, dann ist das schon mal erledigt. Mit den Cashewkernen und dem Gemüse mischen, etwas Walnussöl darüberträufeln und das Hirsotto mit Körner-Kerne-Mix (S. 45) servieren. Wenn was übrig bleibt, ist Ihr Lunchpaket gesichert!

Rubinmorgen

• • •

1 reifer Granatapfel

½ Tasse ganzer Buchweizen

2 x ca. 200 ml Wasser

Buchweizen mit Granatapfel gehört zum Edelsten, was man seinem Körper antun kann. Im östlichen Teil der Welt wird der Granatapfel als etwas Heiliges betrachtet. Er ist sehr reich an Vitamin C und K, Folat, Ballaststoffen, Kalium, Kupfer, Magnesium, Kalium und schützenden, stärkenden Phytochemikalien sowie Mineralstoffen, B-Vitaminen und Ballaststoffen. Buchweizen ist natürlich glutenfrei und besitzt ein nahezu vollwertiges Aminosäureprofil (s. S. 23 f.). Diese Kombination ist unschlagbar und ein kleines Feuerwerk – ein kleiner Granatapfel mit einer kleinen Handvoll Buchweizen machen angenehm satt und wach und halten stundenlang an. Wenn Sie den Buchweizen am Vorabend zum Quellen ansetzen, ist er am Morgen blitzschnell gekocht.

• • •

Haben Sie den Buchweizen am Vorabend eingeweicht, gießen Sie morgens das Wasser ab und spülen Sie die Körner gründlich mit kaltem Wasser ab. Nicht vorgequellter Buchweizen muss abwechselnd mit heißem und kaltem Wasser abgespült werden, um die Bitterstoffe auszuspülen. Den Buchweizen in einen dickbodigen Topf füllen, salzen und mit Wasser übergießen. Lassen Sie das Wasser aufkochen und dann so lange köcheln, bis die Körner weich sind und das Wasser verkocht.

Der schöne und kräftige Saft des Granatapfels färbt stark auf natürlichen Materialien wie Holz und Textilien – benutzen Sie daher eine Unterlage, wenn Sie mit dieser Frucht arbeiten. Um die kleinen Saftkerne im Innern zu lösen, klopfen Sie die ganze Frucht gleichmäßig auf die Arbeitsfläche und rollen Sie sie so lange unter der Handfläche hin und her, bis Sie merken, dass die Konsistenz sich ändert und die Schale weicher wird. Falls der Apfel nicht von selbst aufplatzt, ritzen Sie mit einem Messer die Schale an. Dabei den Apfel über den Teller mit dem gekochten Buchweizen halten, damit kein Tropfen des kostbaren Saftes verloren geht. Pressen Sie nun so viel Saft aus der Frucht wie möglich. Die Frucht halbieren und die glänzend roten «Rubine» über den Buchweizen rieseln lassen.

Mein Reis à la Malta

Allein der Gedanke, Maltareis zu machen, dieses wunderbare Sonnenfrühstück, macht mich glücklich. Es ist frisch und sättigend, bietet was fürs Auge und ist gesund – und die Zubereitung dauert nicht länger, als ein paar Scheiben Brot zu bestreichen.

• • •

Für 2 Personen:

1 ½ Tassen gekochter Vollkornreis, gerne Jasminreis

1 Apfel, in kleine Stückchen geschnitten

1 sonnengereifte Apfelsine, geschält und in kleine Stücke geschnitten

Saft einer halben Bio-Zitrone

4 – 5 EL grob gehackte Mandeln

• • •

Den Reis auf zwei Schälchen verteilen, die Apfel- und Apfelsinenstückchen darauflegen, Zitronensaft darüberträufeln, Mandeln darüberstreuen und gut mischen.

Malteserfest

Dieser abgewandelte Maltareis ist in der Tat ein Fest – nicht nur für den Gaumen, sondern auch fürs Auge!

5 Tassen gekochter Reis, gerne Jasmin
2 Blutorangen
1 rosa Grapefruit
1 Granatapfel
3 Passionsfrüchte
1 Vanilleschote
1 ½ Tassen grob gehackte Mandeln oder Pistazien

Den Reis in eine große Schale füllen. Orangen und die Grapefruit schälen und die Schnitze mit einem scharfen Messer in kleine Stücke schneiden. Auf dem Reis verteilen. Die Vanilleschote längs aufschneiden und das körnige Fruchtmark in die Schale kratzen. Gut mischen. Den Granatapfel kräftig auf der Arbeitsfläche hin und her rollen, bis die Schale weich wird und die Kerne innen sich lösen. Ritzen Sie die Schale mit einem Messer an und brechen Sie den Apfel auf. Halten Sie die Frucht dabei über die Schale, damit der wertvolle Saft auch tatsächlich auf der Reismischung landet.

Kratzen Sie die Kerne bis auf einen kleinen Rest für die Verzierung in die Schale. Halbieren Sie die Passionsfrucht, kratzen Sie das Fruchtfleisch heraus und rühren Sie es unter den Reis. Ein Drittel der gehackten Mandeln unterrühren. Den Rest der Mandeln und die beiseitegelegten Granatapfelkerne über den fertigen Malteserreis streuen.

Quinoa

Die Samen der südamerikanischen Quinoapflanze bieten ein breites Spektrum an essenziellen Nährstoffen. Die Samen werden wie Reis oder Hirse gekocht und verwendet, man kann sie aber auch keimen lassen oder roh im Salat essen. Quinoa enthält alle Aminosäuren, die der Körper braucht, um Proteine zu bilden. Die Samen sind natürlich glutenfrei, eben weil es Samen sind und kein Getreide. Sie sind reich an Folat, Magnesium, Eisen, Phosphor und Ballaststoffen. Außerdem sind diese kleinen Goldkörner leicht verdaulich und einfach zu kochen. Sie haben einen milden und leicht nussigen Geschmack, der so ziemlich zu jedem Gericht passt. Ich verarbeite Quinoa fast täglich, zum Frühstück, zum Mittag- oder Abendessen. Da Quinoa an sich schon sehr nährstoffreich ist, hat man schnell eine vollwertige Mahlzeit gezaubert, indem man es mit ein paar anderen Zutaten kombiniert – je nach Geschmack und Vorliebe und abhängig von den entsprechenden Vorräten und Ideen. Ich koche meist gleich eine große Portion, damit im Laufe eines Tages genug für die verschiedenen Bedürfnisse der Familienmitglieder da ist. Bei uns zu Hause ist Quinoa eine beliebte Grundlage im Lunchpaket, zusammen mit Gemüse und Körnern, Nüssen, Kräutern und Resten vom Vortag.

Quinoa kochen

Quinoa enthält Saponine – Bitterstoffe, die vor dem Kochen oder Keimen ausgespült werden sollten. Das geht ganz einfach, indem man die Samen in einem feinmaschigen Sieb wechselweise zwei-, dreimal unter heißem und kaltem Wasser abspült. Beim Kochen kommen ungefähr 2 Teile Wasser auf 1 Teil Quinoa. Aufkochen, leicht salzen und ca. 15 Minuten köcheln bzw. bis die Samen das Wasser aufgenommen haben.

Jetzt folgen ein paar meiner Lieblingsmischungen, die sich hervorragend für einen guten Start in den Tag eigenen! Mit fertig gekochtem Quinoa sind sie genauso schnell zubereitet wie eine Scheibe Brot.

Cherrytomate, Gurke, fein gehackte rote Zwiebel und Nigellasamen

• • •

Halbieren oder vierteln Sie ein paar Cherrytomaten. Würfeln Sie ein Stück Salatgurke und etwas rote Zwiebel. Alle Zutaten mit einer Portion gekochtem Quinoa mischen. Einen Schuss hochwertiges Salatöl darübergießen und einen halben Teelöffel Nigellasamen (Schwarzkümmel) oder schwarze Sesamkörner darüberstreuen.

• • •

Cherrytomaten
Salatgurke
rote Zwiebel
gekochter Quinoa
Salatöl
Nigellasamen (Schwarzkümmel) oder schwarze Sesamkörner

Mungobohnensprossen mit gerösteten Kürbiskernen und Olivenöl extra vergine

• • •

Kürbiskerne
gekochter Quinoa
Mungobohnensprossen
Olivenöl extra vergine
schwarzer Pfeffer
Meer- oder Steinsalz

• • •

Rösten Sie die Kürbiskerne leicht und gleichmäßig in einer Bratpfanne ohne Fett bei mittlerer Temperatur, bis sie etwas runder werden und ein nussiges Aroma entwickeln. Mit frischen Mungobohnensprossen oder anderen Hülsenfrüchte (z.B. grüne Linsen oder Adzukibohnen) unter das Quinoa rühren. Etwas Olivenöl darübergeben, Pfeffer aus der Mühle und eine Prise Stein- oder Meersalz.

Zimtäpfel und Zitronenstreusel

• • •

Das Kerngehäuse aus dem Apfel stechen, den Apfel schälen und in Ringe schneiden. Die Apfelringe auf einer Portion gekochtem Quinoa verteilen und Zimt und die geriebene Schale einer Bio-Zitrone darüberstreuen. Eine Mischung aus Apfel- und Zitronensaft darüberträufeln und genießen!

• • •

Apfel
gekochter Quinoa
Zimt
Bio-Zitrone
Apfelsaft

Mango-Apfelsinen-Quinoa mit gehackten Mandeln, Zitronen und Minze

• • •

Schälen, teilen und schneiden Sie Mango und Apfelsinen in mundgroße Stücke. Mischen Sie die Früchte mit einer Portion fertig gekochtem Quinoa. Frisch gepressten Zitronensaft darübergeben und reichlich gehackte Mandeln und frisch gezupfte Minzblätter darüberstreuen.

• • •

reife Mango
Apfelsine
gekochter Quinoa
Zitrone
Mandeln
frische Minze

Avocadoquinotto mit Sesamkörnern, Gurke und Tamari

• • •

Die Avocado schälen und in kleine Würfel schneiden. Die Würfel in etwas Tamari geben und unter eine Portion gekochten Quinoa und eine Handvoll gehackte Gurke mischen. Einen Teelöffel ungeschälte Sesamkörner darüberstreuen.

Anstelle von Quinoa können Sie die Rezepte ebenso gut mit Reis oder Hirse zubereiten – allein Ihre Fantasie setzt Grenzen für die vielseitigen Varianten mit gekochtem Getreide.

• • •

reife Avocado
Tamari (japanische Sojasoße)
gekochter Quinoa
Gurke
ganze Sesamkörner, ungeschält

Buchweizen mit Grapefruit und gehackten Mandeln

Die Kombination aus sättigendem Buchweizen, säuerlicher Grapefruit und süßer Mandel schmeckt einfach gut! Dieses einfache Frühstück ist oft der Grund, dass ich mich freue aufzustehen.

• • •

Kochen Sie den Buchweizen wie in dem «Rubinmorgen»-Rezept beschrieben (S. 64). Die Grapefruit schälen und in kleine Stücke schneiden. Den gekochten Buchweizen in eine Schale füllen, die Grapefruit untermischen und gehackte Mandeln darüberstreuen.

• • •

½ Tasse ganzer Buchweizen
2 x 200 ml Wasser
eine halbe Grapefruit
2 EL grob gehackte Mandeln oder Nüsse

Meine Misosuppe

Miso ist der japanischen Mythologie nach eine Gabe der Götter an die Menschheit für immerwährende Gesundheit und ein langes und glückliches Leben. Und es ist tatsächlich kaum möglich, sich gestresst zu fühlen, wenn man den Tag mit einer Schale dampfend heißer Misosuppe beginnt. Der reinste Balsam für Leib und Seele, für Nerven und Gelenke, Geduld und Laune. Miso ist eine fermentierte (vergorene), hauptsächlich auf Soja oder Reis basierende Paste (auch Püree), aber es gibt auch Mugi-Miso und Varianten aus Hirse, Kichererbsen, Adzukibohnen und anderen Hülsenfrüchten. Die Zutaten durchlaufen einen Gärungsprozess, bei dem ein ungewöhnlich gesundes, geschmacksintensives Produkt voller wertvoller Mikroorganismen herauskommt. Miso ist also lebendige Nahrung, die behutsam behandelt werden muss, damit die Mikrokulturen nicht beschädigt werden oder sterben. Darum darf Misopaste nicht gekocht werden. Außerdem würde sie dabei den guten Geschmack einbüßen. Miso stärkt das Immunsystem, wirkt stimulierend auf die Verdauung und enthält darüber hinaus Proteine, Vitamin K und B, Mineralstoffe und Spurenelemente. Wenn Sie dann die Suppe noch mit wertvollen weiteren Zutaten bereichern, haben Sie eine kleine Wundermahlzeit, die Sie lange zufrieden machen wird.

Meine Misosuppe ist jedes Mal ein bisschen anders – je nachdem, welche Zutaten ich im Haus habe. Die Basis ist kochendes Wasser, eine Misosorte, etwas Salz, z.B. etwas Fischsoße, Gemüsebrühe oder Tamari. Dazu gebe ich, was ich an knackig frischen Gemüsen zur Hand habe, Mungobohnensprossen, Algenfäden, geriebenen Ingwer, Chili, eventuell ein Ei, Tofu, Cashewkerne oder Bio-Huhn.

• • •

Eine Portion Alltagsmiso kann z.B. so aussehen:

eine Schüssel kochendes Wasser

1 EL Misopaste

2 EL Fischsoße oder Tamari

frischer Ingwer (ca. 4 cm), geschält

5 frische, lange, grüne Bohnen, abgespült und in schräge Streifen geschnitten

1 EL Frühlingszwiebeln, fein gehackt

1 kleine Handvoll Cashewkerne

1 kleine Handvoll Arame-Algen (dünne, dunkle Algenfäden, die es in Naturkostläden oder asiatischen Läden gibt)

nach Geschmack etwas rote und grüne Chilischote, fein gehackt

• • •

Wasser aufkochen und in eine große Suppenschale füllen. Misopaste einrühren, Tamari oder Fischsoße zufügen, Ingwer reiben und gut mischen. Die restlichen Zutaten einstreuen, umrühren und genießen … in aller Ruhe und Gemächlichkeit.

Eine Schale Misosuppe am Tag über einen Zeitraum von ein paar Wochen regeneriert die Darmflora nach einer Antibiotikabehandlung!

Flüssiges Frühstück

Eine Tasse heißes oder abgekühltes Zitronenwasser am Morgen bringt den Körper nach einer erholsamen, entschlackenden Nacht in Schwung. Pressen Sie den Saft einer halben Bio-Zitrone in eine Tasse und gießen Sie kochendes Wasser darüber. Trinken Sie das Wasser vor dem Essen, es regt die Magentätigkeit an.

Ingwertrank mit Honig und Zitrone

Dieser Trank kuriert Sie von Ihrem Winterblues und bringt Ihren trägen Kreislauf und den schlafenden Immunapparat in Schwung! Ingwer, Honig und Zitrone sind allesamt bakterienhemmend und stärken die Immunabwehr des Körpers gegen ungebetene Gäste. Trinken Sie ihn gerne vorbeugend oder einfach als erfrischende Sonnenscheinwelle.

• • •

Pressen Sie die halbe Zitrone aus und reiben Sie den geschälten Ingwer in eine Tasse. Kochendes Wasser aufgießen. Den Trank ein paar Minuten ziehen lassen, ehe Sie Honig zugeben, weil so die wertvollen Wirkstoffe im Bienengold erhalten bleiben. Gut umrühren und heiß genießen.

Servieren Sie den Ingwertrank als Stärketrank für jemanden, der hustend und schniefend im Bett liegt. Und wenn nicht nur eine leibliche Stärkung, sondern Seelentrost gefragt ist, ersetzen Sie das kochende Wasser durch heißen Apfelsaft – fertig ist ein goldenes Elixier, das Leib und Seele streichelt.

• • •

Für eine große Tasse brauchen Sie:

½ gut reife Zitrone

ein etwa daumengroßes Stück frisch geschälter Ingwer

1 TL Honig

250 ml kochendes Wasser

Tee

Leben, Atem, Energie oder Lebenskraft – das Wort *Tee* oder *chai* hat seine Wurzeln in mehreren Sprachen und Teilen der Welt, im Chinesischen, Sanskrit, Russischen und Hebräischen. Inzwischen ist es zur Sammelbezeichnung für jede Art von Pflanzenaufguss geworden, seien es tatsächlich Teeblätter, Kräuter, Wurzeln, Gewürze oder eine Mischung von allem. Wie viele andere natürliche Schätze wird auch Tee als Genussmittel und in der Medizin eingesetzt. Tee wird mit Milch getrunken, mit Zucker, mit Honig, mit Zitrone oder Sirup, vor, zu, nach oder zwischen den Mahlzeiten. Bei der Vielfalt an Teevarianten und Aufgüssen sollte eigentlich jeder mindestens einen Favoriten für jede Gelegenheit finden. Ich kann nur jedem, der noch kein eingeschworener Teetrinker ist, empfehlen, sich auf Entdeckungsreise ins weite Reich des Tees zu begeben. Lassen Sie sich inspirieren von den Teeregalen eines Reformhauses oder Lebensmittelladens, einem Kräuterbeet, einer Wiese und von Gewürzgläsern. Sie finden garantiert etwas Passendes für einen Stimmungsheber oder einen Kick, eine kleine Zwischenmahlzeit, eine Kur – wogegen auch immer –, etwas Beruhigendes, eine warme Umarmung oder ruhigen Schlaf.

Rosentee

Ein delikates und vorsichtiges Schönheitserlebnis.

Pflücken Sie eine ungespritzte, aufgeblühte Rosenblüte – im eigenen Garten oder da, wo es eben erlaubt ist. Gründlich abspülen und den Stängel abschneiden. Die Blüte auf den Boden einer weiten Tasse legen und kochendes Wasser darübergießen. Genießen Sie den hübschen Anblick und den Duft, wenn der Tee ein paar Minuten zieht, bevor Sie von dem zart sommerlichen Aroma kosten.

Rooibos

Asphalatus linearis oder «Rotbusch» (das bedeutet der Name ‹Rooibos›, der aus dem Afrikaans stammt), wächst ausschließlich in den Zedernbergen nördlich von Kapstadt in Südafrika. Der Busch ist nicht so rötlich, wie wir den Tee kennen. Die Nadeln dieses Strauches aus der Familie der Hülsenfrüchtler nehmen beim Trocknen oder Fermentieren ihre warme, rostrote Farbe an. An mehreren Orten in Südafrika wird der Aufguss als «bush tea» oder «miracle tea» serviert. Letzteres ist ein Hinweis auf den hohen Gehalt der Pflanzen an gesundheitsfördernden Wirkstoffen und besonders starken Antioxidantien. Der miracle tea ist natürlich koffeinfrei und enthält wenig Gerbsäure. Es gibt auch grünen Asphalatus. Er ist nicht fermentiert und soll besonders antioxidativ wirken.

Mir schmeckt die rote Variante am besten, und ich verwende ihn häufig für Chai-Tee. Er verträgt sich gut mit einem Löffel Honig und der geriebenen Schale einer Bio-Zitrone oder Apfelsine und kann vorzugsweise als Basis für den Ingwertrank genutzt werden (S. 77).

Sojachai

• • •

Meine gebräuchlichste Chai-Mischung sieht so aus:

1 EL schwarzer, grüner oder roter (Rooibos) Tee

1 TL ganzer Kardamom

1 TL ganze Nelken

1 TL getrockneter Ingwer

½ zerkrümelte Zimtstange

½ Kanne kochendes Wasser

½ Kanne heiße Sojamilch

Honig, Rohrohrzucker, Ahornsirup oder ein anderes Süßungsmittel

Gewürztee mit Milch ist ein Klassiker, der besonders auf der indischen Halbinsel serviert wird. Meine Chai-Variante basiert auf einem beliebigen Teeaufguss – schwarz, rot (Rooibos) oder grün – und Gewürzen in heißer Sojamilch und Honig, Rohrohrzucker oder Ahornsirup. Ich habe mit der Zeit eine einfache und schnelle Methode entwickelt, die ein wenig von der traditionellen Zubereitungsmethode dieses Getränks abweicht. Für eine Kanne oder einen Becher Chai koche ich das Wasser und erhitze die Milch jeweils für sich.

• • •

Füllen Sie den Tee, die Gewürze und eventuell Zucker auf den Boden einer Teekanne. Das kochende Wasser und die heiße Milch darübergießen. Ein paar Minuten ziehen lassen. Nach Geschmack Honig oder Sirup zugeben. Dann noch einmal einige Minute ziehen lassen, bevor Sie den Tee servieren. Dazu passt Bananen-Kardamom-Brot (S. 124) oder ein fruchtiger Hafer-Biscotti (S. 122).

Es gibt auch fertige Chai-Mischungen mit schwarzem, grünem oder rotem Tee als Grundlage zu kaufen.
Gießen Sie kochendes Wasser und heiße Milch darüber und süßen Sie nach Geschmack mit Honig oder Ähnlichem.

Sojaschokolade mit echter Vanille

Ein heißer Kakao schmeckt am besten, wenn er aus einer Tafel fast schwarzer Schokolade und dem Mark einer runzelig weichen Vanilleschote gekocht ist.

Für zwei große Tassen Sojaschokolade brauchen Sie:

75 g fair gehandelte Bio-Schokolade, am besten mit 85 % Kakaoanteil

Mark einer halben Vanilleschote

Ahornsirup oder Rohrohrzucker

500 ml heiße Sojamilch

Schmelzen Sie die Schokolade in einer Schüssel im Wasserbad. In der Zwischenzeit erhitzen Sie die Sojamilch in einem Topf. Kratzen Sie das Mark aus der Vanilleschote und rühren Sie es zusammen mit dem Sirup oder Zucker in die geschmolzene Schokolade. Jetzt die heiße Milch über die Schokolade gießen, gut umrühren und in zwei große Tassen füllen. Heiß genießen!

Etwas geriebene Schale einer Bio-Orange in der heißen Schokolade schmeckt toll.

Smoothies

Es gibt unendlich viele Bücher, Bloggs, Zeitschriften und andere Medien, die sich auf Smoothies spezialisiert haben – ein schier unerschöpfliches Thema. Ich will mich nicht als Smoothie-Expertin präsentieren, aber zumindest die Idee, die dahintersteckt, skizzieren und ein paar meiner persönlichen Favoriten mit Ihnen teilen. Die meisten meiner Smoothies sind einfach und schnell zuzubereiten und basieren auf Zutaten, die ich vorrätig habe. Als Fruchtsaftbasis verwende ich meist Apfelsine, Apfel, Guave oder Ananas, für manche Mischungen auch schlicht und einfach Leitungswasser. Danach entscheidet oft der Zufall. An Obst nehme ich, was ich gerade im Haus habe, dazu etwas Spirulina, frisches oder getrocknetes Getreidegras aus Emmer, Kamut oder Dinkel, eventuell einen Schuss gesunder Öle aus Leinsamen, Kokos oder Distel und vielleicht die eine oder andere Nahrungsergänzung. Wenn ich das Gefühl habe, dass meine Mischung noch nicht das große Geschmackserlebnis ist, gebe ich ein Stück geriebenen Ingwer (ca. 4 cm) dazu, eine großzügige Handvoll Minze oder frische, klein gehackte Datteln, wenn es an Süße fehlt. Wenn ich meine, noch nicht genügend Nüsse oder Kerniges zu haben, gebe ich eine Handvoll Mandeln oder Walnüsse, Sesamkörner oder Leinsamen dazu. Machen Sie Ihre Smoothies zu frisch-fruchtigen, bunten Frühstücksbonbons!

Für das Smoothie-Abenteuer braucht man schnell rotierende Messer. Da ich häufig flüssige Mahlzeiten zubereite, habe ich in einen guten Mixer investiert. Aber ein Stabmixer erfüllt den gleichen Zweck. Es ist praktisch, ein passendes Gefäß zum Mixen zu haben.

Hier folgen ein paar Grundmischungen, die in meiner Familie zu Favoriten geworden sind. Alle Angaben für mindestens vier Gläser.

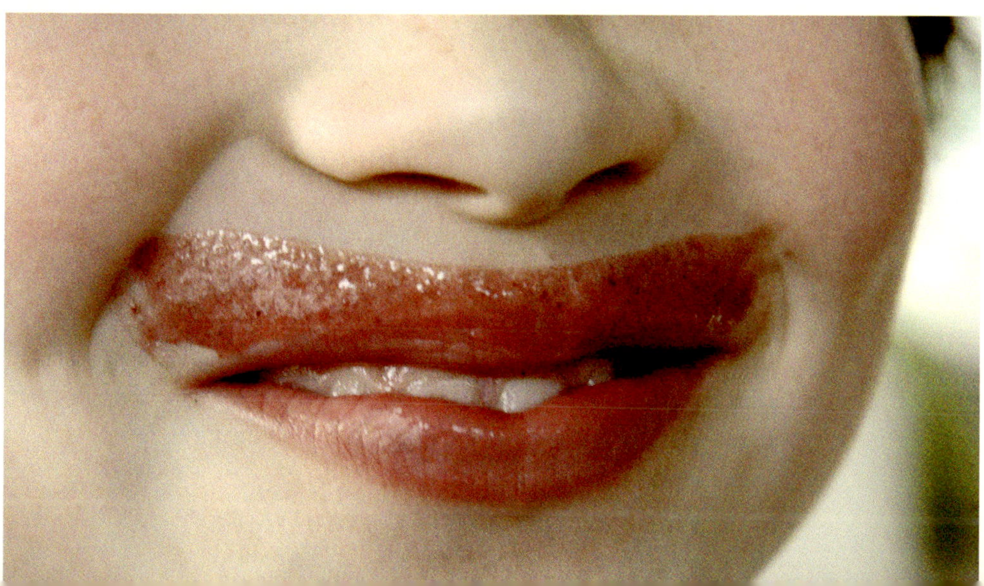

Grünes Mango-Bango

• • •

1 sonnenreife Mango, geschält und in große Stücke geschnitten

ca. 150 g frische Spinatblätter, gewaschen und entstielt

½ Gurke, gewaschen und in große Stücke geschnitten

1 Banane, geteilt

ca. 300 ml Wasser, je nach gewünschter Konsistenz

Wenn Sie das Nährstoffprofil von Spinat kennen, verstehen Sie, wieso Popeye sich ausschließlich von diesem Gemüse ernährt hat.

• • •

Diese Zusammenstellung sieht vielleicht auf den ersten Blick nicht überwältigend aus, aber sie ist unbedingt einen Versuch wert. Spinat und Mango sind auch ansonsten in meiner Küche kein unbekanntes Team; ich kombiniere sie gern in manchen meiner Salate. Füllen Sie Wasser in den Mixer oder das passende Gefäß für den Stabmixer, die übrigen Zutaten zugeben und zu einem glatten, geschmeidigen Trunk verarbeiten.

Basilikumkuss

• • •

die Blätter von einem Topf frischem Basilikum (probieren Sie gern verschiedene Sorten aus)

1 Honigmelone, geteilt, entkernt und geschält

2 Äpfel, gewaschen und geteilt – für Smoothies kann man problemlos den ganzen Apfel samt Kerngehäuse verarbeiten; das ist gesund und spart unnötige Arbeit

ca. 300 ml Wasser, je nach gewünschter Konsistenz

Basilikum ist ein mythenumsponnenes Kraut, Aphrodisiakum, Heilkraut und Opfergabe. In Indien wird die Pflanze sogar als heilig angesehen. Basilikum wirkt bakterientötend und krebshemmend und macht glücklich. Ein Schluck dieser Mischung schmeckt wie ein frischer, unschuldig reiner Morgenkuss!

• • •

Das Wasser in einen Mixer oder das passende Gefäß für den Stabmixer füllen, die übrigen Zutaten zufügen und zu einem glatten und geschmeidigen Trunk verarbeiten.

Smooth Zitrus-Spiralis

...

- 100 ml Apfelsaft
- 4 saftige Apfelsinen
- 1 Grapefruit
- 1 Zitrone
- 1 Limette
- 1 frische oder gefrorene Banane
- 2 TL Spirulinapulver

Die hübsche Blaugrünalge Spirulina verwandelt Sonnenlicht in Energie und ist randvoll mit nahezu allen wichtigen Bestandteilen. Sie enthält viele Proteine, Betakarotin, Vitamin A, C, K und alle B-Vitamine. Spirulina ist gut für die meisten und wichtigsten Körperteile – Herz, Kopf, Schulter, Knie und Zehen! Ein gehäufter Teelöffel dieses Wundermittels am Tag – und Ihr Arzt wird arbeitslos.

...

Verarbeiten Sie alle Zutaten zu einem glatten und geschmeidigen Energiemix!

Ananas in grüner Spitze

Grünkohl als Zutat in einem Smoothie ist sicher nicht die erste Wahl für jeden. Ich muss gestehen, dass ich auch sehr skeptisch war, als ich diesen Tipp bekam, aber schon der erste Schluck belehrte mich eines Besseren. Und es war gar nicht schwer, den Rest meiner Familie von diesem ungewöhnlichen Drink zu überzeugen, nachdem ich sie einmal dazu überredet hatte, als Versuchskaninchen für meine ersten Anläufe herzuhalten.

• • •

- 6 – 7 Grünkohlblätter
- 1 frische Ananas
- 2 Äpfel
- 1 Limette
- ca. 300 ml Wasser, je nach gewünschter Konsistenz des Smoothies

• • •

Das Wasser in einen Mixer oder in ein passendes Gefäß für den Stabmixer füllen, die restlichen Zutaten zugeben und zu einem glatten, geschmeidigen Drink verarbeiten.

Nutzen Sie die Grünkohlsaison – sie ist kurz und kostbar! Zum Glück lässt sich Grünkohl wunderbar einfrieren. Legen Sie sich einen Vorrat in der Gefriertruhe an, aus dem eigenen Garten oder von Ihrem Gemüsehändler.

Happy Sunrise-Cocktail

Bei diesem Smoothie können Sie aus dem Vollen schöpfen – Passionsfrucht, Ananas, Pfirsich, Granatapfel, Himbeere, Zitrone, Banane, Brombeere, Melone, Drachenfrucht, Apfel, Apfelsine, Blaubeere, Birne, Mango, Erdbeere, Limette, Sharonfrucht, Kiwi, Grapefruit und was sonst noch greifbar ist. Experimentieren Sie mit verschiedenen Kombinationen und erfinden Sie Ihre ganz persönlichen Frühstücksdrinks. Nahrungsergänzungsmittel wie Öle, Mixturen, Algenpulver oder Kapseln geben Sie nach Entfernen eventueller Hülsen oder Kapseln direkt über den fertigen Drink. Auch Eigelb, ein paar Mandeln, Datteln, Honig oder was immer Ihnen sonst noch passend erscheint, bereichern den Trank. Mixen Sie mutig drauflos!

Hot Citrus-Shot mit Ingwer und Honig

- 400 ml Orangensaft
- Saft von 2 Zitronen
- Saft von 2 Limetten
- ein daumenlanges Stück Ingwer, geschält
- 2 reife Bananen
- 2 EL Honig
- frische rote Chilischote – so viel Sie ertragen und mögen; gründlich entkernen und abspülen, ehe Sie die Schote kleinhacken und in die Mischung geben

Ein wärmender Volltreffer für die kalte Jahreszeit, mit dem man sich gegen Erkältungen, dunkle Zeiten, Minusgrade, Schneematsch, Schneeregen und spröde Nägel wappnen kann. Bringt garantiert den Kreislauf in Gang und macht allen in der Luft herumschwirrenden Garstigkeiten der Saison den Garaus!

Füllen Sie den Saft in einen Mixer oder ein passendes Gefäß für den Stabmixer. Ingwer reiben, die übrigen Zutaten hineingeben und zu einem glatten, geschmeidigen Drink verarbeiten. Wenn Ihnen das Ganze zu sauer ist, geben Sie ein paar Datteln oder mehr Honig dazu.

Ingwer, Zitrone, Honig und Chili enthalten bakterien- und virushemmende Wirkstoffe, die die Immunabwehr stimulieren und stärken. Darüber hinaus sind Zitrusfrüchte voller Vitamin C – das Symbol für den Schutzschild des Körpers. Chili öffnet die Nebenhöhlen, die Atemwege, hält den Blutfluss rein und wirkt obendrein schmerzstillend.

Mittsommermix

Füllen Sie den Saft und das Wasser in einen Mixer oder ein passendes Gefäß für den Stabmixer, geben Sie die übrigen Zutaten hinzu und verarbeiten Sie das Ganze zu einem glatten Getränk.

1 Tasse frische Erdbeeren

1 Tasse frische Blaubeeren

1 Tasse frische Himbeeren

1 Banane oder Avocado

400 ml reiner Fruchtsaft

oder 400 ml Wasser und 2 EL Honig

Grünes Morgengold

Suchen Sie alles zusammen, was grün leuchtet! Das Gefühl nach einem Glas dieses knallgrünen Getränks kann mit dem Wohlbehagen nach einem kühlen Morgenbad im Meer verglichen werden. Ich fühle mich selten so lebendig wie nach so einem ganz und gar grünen, frisch gepressten Frühstück.

Wählen Sie regionales Bio-Gemüse mit kurzen Transportwegen, wenn Sie die Möglichkeit haben. Die üppigen Vitamine, Mineralstoffe und Antioxidantien stecken in der grünen Farbe, die Proteine in den Erbsen und Spirulinaalgen, die essenziellen Fettsäuren in den Kürbiskernen und jede Menge Ballaststoffe in allen frischen Zutaten.

• • •

4 Gläser:

1 Salatgurke

1 grüne Paprika

1 Tasse gefrorene grüne Erbsen

Saft einer Limette

200 ml kalter grüner Tee – gern Jasmin oder Zitrone

3 Stängel Sellerie mit Blättern

2 – 3 Stiele glatte oder krause Petersilie

3 EL Kürbiskerne

1 – 2 EL Spirulinapulver

• • •

Alle frischen Gemüse und Blätter gut abspülen und trocken tupfen. Die Paprika entkernen, in mittelgroße Stücke schneiden und im Mixer, Entsafter oder einem Gefäß für den Stabmixer zerkleinern. Den ausgepressten Limettensaft, Kürbiskerne, die gefrorenen Erbsen und Spirulinapulver zugeben. Alle Zutaten zu einem Saft (so glatt wie möglich) verarbeiten. Mit Strohhalm und langem Löffel in einem hohen Glas servieren – und den wunderbaren Augenblick genießen!

Lassivarianten

Lassi ist ursprünglich ein salzig oder süß gewürztes Joghurtgetränk aus der indischen und pakistanischen Küche. Wie ein Obst- oder Gemüse-Smoothie kann ein Glas schaumig, frisch gemixter Lassi eine kleine Mahlzeit ersetzen – voller Proteine, Vitamine, Mineral- und Ballaststoffe.

Mein Lassi ist aus Soja- oder Mandelmilch (Sie können aber genauso gut Naturjoghurt nehmen), dazu meist frische oder getrocknete Früchte oder frische Kräuter, kombiniert mit Gewürzen wie Kardamom und Zimt. Ein Mixer oder Stabmixer sind Zauberstäbe für Shakes wie diesen.

Und nun einige meiner Lieblingsmischungen – für jeweils 2 bis 3 Gläser.

Minzlassi

• • •

Entkernen Sie die Datteln und mixen Sie alle Zutaten in einem Mixer oder mit dem Stabmixer zu einer glatten, seidenweichen Überraschung!

Wenn Sie keine Minze zur Hand haben, nehmen Sie glatte Petersilie oder frisches Basilikum. Eine Mischung aus verschiedenen frischen Kräutern geht auch wunderbar.

• • •

400 ml Sojamilch naturell oder selbst gemachte Mandelmilch

4 – 6 frische Datteln

eine große Handvoll frische Minze – am liebsten marokkanische

Mangolassi

• • •

400 ml Sojamilch naturell oder selbst gemachte Mandelmilch

4 – 6 frische Datteln

1 gut reife Mango

1 TL frisch gestoßener Kardamom

• • •

Die Datteln entkernen und alle Zutaten in einem Mixer oder mit dem Stabmixer verarbeiten. Dieser Lassi ist wie eine Brise aus wärmeren Gefilden.

Verheißungsvoller Frühlingslassi

• • •

400 ml Sojamilch naturell

eine Handvoll frische Minze – am liebsten marokkanische

½ Gurke, gewürfelt

1 TL unraffiniertes Meer- oder Steinsalz

evtl. ein paar Eiswürfel, wenn der Lassi besonders kalt sein soll

ein paar Limettenscheiben zum Verzieren

Eine weiche, hellgrüne Schaumwolke. Leicht und frisch an einem warmen Morgen.

• • •

Mixen Sie alle Zutaten in einem Mixer oder mit dem Stabmixer und servieren Sie den Drink mit einer Limettenscheibe in hohen Gläsern.

Superlassi

• • •

400 ml Sojamilch naturell

2 Handvoll Haselnüsse, über Nacht eingeweicht

2 Handvoll rohe Kakaostückchen oder Kakaopulver

3 frische Datteln

1 Banane

20 Gojibeeren, über Nacht quellen lassen

1 Messerspitze Cayennepfeffer

Superlassi könnte man als «flüssigen Energieriegel» bezeichnen!

• • •

Mixen Sie alle Zutaten in einem Mixer oder mit dem Stabmixer zu einem glatten, flüssigen Powerdrink, der Sie lange am Laufen hält.

Goldener Safranlassi

• • •

Mahlen Sie Safranfäden, Rohrohrzucker und Kardamom zusammen im Mörser und mixen Sie alle Zutaten im Küchenmixer oder mit dem Stabmixer zu einem gleichmäßigen, goldenen Sonnenscheinmorgen!

Wenn Sie im Laufe eines Tages nur wenig Mandeln, Nüsse, Kerne oder Samen essen, verarbeiten Sie sie in einem Lassi oder Smoothie, um genügend gute Fette und andere wertvolle Wirkstoffe aufzunehmen. Ein Esslöffel gutes Pflanzenöl im Frühstücksshake wirkt Wunder.

• • •

400 ml Sojamilch oder selbst gemachte Mandelmilch

4 Aprikosen, getrocknet oder frisch, ohne Kerne

2 reife Bananen

ca. 6 Safranfäden

1 Messerspitze Rohrohrzucker

1 TL ganzer Kardamom

Alternative Milch

Milch aus Reis, Soja, Mandeln und Hafer sind gute Alternativen zu Kuhmilch und Kuhmilchprodukten und passen zu Frühstücksmischungen, Grütze und Pfannkuchen. Soja-, Reis- und Hafermilch gibt es in vielen Variationen in fast allen Läden zu kaufen, mit und ohne Zucker und Geschmackszusätzen. Manche sind mit Vitaminen und Mineralstoffen angereichert. Sollten Sie trotzdem keinen Favoriten für sich finden, probieren Sie es mit Kombinationen mehrerer Sorten. Finden Sie Reismilch zu dünn und Sojamilch zu dick, mischen Sie die beiden, bis Sie die Konsistenz haben, die Sie mögen. Ich persönlich mag am liebsten die natürliche Variante ohne Zusätze. Die lässt sich vielseitig fürs Kochen und für Smoothies verwenden, für Frühstücksmischungen und zum Backen.

Mandelmilch und Hafermilch kann man gut selber machen. Da bekommen Sie garantiert frische Ware – und Spaß macht es obendrein!

Hafermilch

Diese Portion ergibt 1,5 l fertige Hafermilch:

2 ½ Tassen feine Bio-Haferflocken

1 l kochendes Wasser

Frische Hafermilch macht man ganz einfach, indem man zwei Teile Wasser über einen Teil Haferflocken gießt und das Ganze ein paar Stunden quellen lässt, am besten über Nacht. Dann die Flocken durch einen Stoffbeutel abgießen, wie im Rezept für Mandelmilch beschrieben. Hafermilch passt gut zu Frühstücksmischungen, Pfannkuchenteig – oder zu frisch aufgeschnittenem Obst, grob gehackten Nüssen und frischen Beeren. Oder auch ganz einfach nur frisch aus dem Glas.

Selbst gemachte Mandelmilch oder Hafermilch hält im Kühlschrank drei bis vier Tage.

Mandelmilch

Die Mandeln sollten ein paar Stunden in kaltem Wasser quellen, gerne über Nacht, bevor Sie die Milch machen. Sie schmeckt dann intensiver und ist leichter verdaulich. Mandeln sind von Natur aus etwas bitter, und ich persönlich finde, dass die Milch um Längen besser schmeckt, wenn man sie leicht mit Datteln oder Dattelsirup süßt. Zum Abseihen der gemahlenen Masse empfehle ich einen dünnen Stoffbeutel. Einen solchen Beutel können Sie aus einem Nylonstrumpf machen, einem Geschirrhandtuch oder einem dünnen, grob gewebten Laken. Es gibt auch spezielle Nussmilchbeutel zu kaufen.

• • •

Diese Portion ergibt 1,5 l Mandelmilch:

500 g Mandeln, ein paar Stunden in kaltem Wasser eingeweicht

1 l kaltes Wasser

5 – 7 große, weiche Datteln oder 2 – 3 EL Dattelsirup (bekommt man in türkischen Läden o.Ä.), evtl. Honig oder einen anderen Natursirup

• • •

Gießen Sie das Einweichwasser für die Mandeln ab und geben Sie die Mandeln in einen großen Küchenmixer oder eine Küchenmaschine mit Mühle. Gießen Sie 1 l frisches Wasser dazu. Die Datteln oder den Sirup zugeben und so lange mahlen oder mixen, bis ein gleichmäßig dickflüssiger Brei entsteht. Halten Sie den Stoffbeutel über eine Schüssel, die mehr als 1,5 l fasst, und gießen Sie die Mischung hinein. Drücken und wringen Sie so viel Flüssigkeit aus dem Beutel wie möglich – fertig ist die frische Mandelmilch. Die Milch, die Sie nicht unmittelbar verbrauchen, in ein verschließbares Gefäß füllen und kalt lagern. Probieren Sie die roséfarbene Milch mit einer Schale Knuspermüsli (S. 41), mit einer kleinen, in Scheiben geschnittenen Banane und Kokosflocken. Oder genießen Sie die Milch einfach pur aus einem hohen Glas – Milchbart inklusive!

Kaufen Sie die Mandeln lose, wenn die Saison dafür ist! Die trockene Mandelmasse, die nach dem Auspressen übrig bleibt, können Sie für den Knäckebrotteig verwenden (S. 108 – 113).

Backen

Übers Brot

Bei uns sind vorrangig die Kinder Brotesser, und sie legen großen Wert darauf, dass ich nicht nur mit grobkörnig gemahlenem Mehl backe. Sie ziehen leichteres Brot vor, dafür darf ich dann alle möglichen spannenden Zutaten in den Teig kneten. Also nehme ich Nüsse, Kerne und Körner, Brennnesselblätter, Tangmehl und Grützereste. Selbst Linsen und Hirse sind genehmigt – Hauptsache, das Brot wird nicht zu kompakt und schwer. Ich habe mir übrigens angewöhnt, nicht zu sehr zu betonen, was für spannende Sachen ich diesmal mit verbacken habe. Ich schweige und freue mich im Stillen, was ich meiner Familie mal wieder für gute Dinge auftische. Ich selbst mag Brot am liebsten so reichhaltig und massiv wie möglich, außer als Beilage zu einem anderen Essen. Wenn ich, was selten vorkommt, eine *Brotmahlzeit* esse, liebe ich es, eine Art optimierten, supernahrhaften Korn-Kern-Nuss-Hülsenfrüchte-Kräuter-Mineralstoff-Burger zu mir zu nehmen, den ich mit anderen gesunden und wunderbar leckeren Sachen belegen und zu einer kompletten kleinen Mahlzeit machen kann, die ordentlich lange vorhält.

Linsen machen den Brotteig besonders saftig, außerdem ergänzen sie die Zusammensetzung der Aminosäuren im Korn und bereichern das Brot um vollwertige Proteine.
Tipp zum Säubern der Backschüssel:
Spülen Sie die Schüssel unter kaltem Wasser (oder stellen Sie sie in kaltes Wasser), dann lösen sich die Teigreste leichter und ohne die Spülbürste zu verkleben.

Meine Vollkornbrote

• • •

Eine typische Mischung in meiner Backschüssel kann folgendermaßen aussehen:

500 g feines Vollkornmehl von Dinkel, Emmer oder biodynamischem Weizen

500 g fein gemahlenes Dinkel-, Emmer- oder biodynamisches Weizenmehl

½ Tasse zerstoßene Leinsamen

1 Tasse Haferkleie

½ Tasse Sesamkörner mit Schale

1 Tasse trockene, gelbe oder rote (orange) Linsen

1 Tasse Sonnenblumenkerne

1 Tasse Haferflocken

1 Tasse Buchweizenflocken

3 EL getrocknete Brennnesselblätter

1 EL Tangmehl

25 g Trockenhefe

1 TL unraffiniertes Meer- oder Steinsalz

ca. 1,4 l lauwarmes Wasser

Öl zum Einpinseln der Form (ich nehme Olivenöl oder anderes Bratenfett)

Die im Folgenden beschriebene Art des Brotbackens habe ich von meiner lieben Nachbarin Aase gelernt. Früher habe ich ungern Brot gebacken, das war mir immer zu viel Aufwand. Doch nach der Aase-Methode macht man einen Teig, der nicht geknetet und gewalkt werden muss. Man lässt die dicke, breiige Masse einfach zur doppelten Größe aufgehen, füllt ihn in eine eingefettete Form und stellt ihn ohne nochmaliges Gehen in den kalten Backofen. Den Ofen auf 200 °C stellen und das Brot 75 Minuten backen.

Ich verarbeite ökologische Zutaten, wenn ich welche bekomme; das variiert mit jedem Backen, je nachdem, was ich im Haus habe. Das Verhältnis von Flüssig und Trocken für zwei große Kastenformen à 2 l (oder drei kleinere) ist in etwa: 2,6 l trockene Zutaten (davon 1 kg Mehl) zu 1,4 l Flüssigkeit.

• • •

Die trockenen Zutaten in einer Backschüssel vermischen (am besten einer Schüssel mit Deckel). In der Mitte eine Vertiefung machen, in die das lauwarme Wasser gegossen wird. Die Masse mit einem Kochlöffel verrühren oder mit dem Knethaken in der Küchenmaschine. Legen Sie einen Deckel oder ein Geschirrtuch über die Schüssel und lassen Sie den Teig eine Stunde oder länger gehen. Wenn er etwa die doppelte Größe hat, verteilen Sie die Masse auf zwei gefettete Formen. Eine Gabel in kaltes Wasser tauchen und beherzt in den Teig stechen und ihn zurechtrücken. Nun die Formen auf einem Rost in der unteren Schiene in den Backofen schieben. Den Ofen auf 200 °C stellen. In den folgenden 75 Minuten haben Sie Zeit für etwas anderes – ob Sie nun einen Spaziergang machen, ein gutes Buch lesen, Freunde anrufen oder den Rasen mähen …

Die Brote sind fertig, wenn sie beim Draufklopfen leicht hohl klingen. Lassen Sie sie noch ein paar Minuten in den Formen stehen, ehe Sie sie seitlich und mit einem Geschirrtuch abgedeckt zum Abkühlen auf einen Rost legen. Ich backe meist abends und lasse die Brote bis zum nächsten Morgen liegen. Dann packe ich sie in Stoffbeutel, die ich aus Geschirrhandtüchern aus Leinen und Baumwolle genäht habe, und lege sie in eine Schublade, da halten sie am längsten. Man kann die Brote auch ganz einfach in Geschirrhandtücher wickeln.

Olivenbutter

• • •

1 Teil weiche Butter
1 Teil Olivenöl extra vergine
Meer- oder Steinsalz
geriebene Schale einer Bio-Zitrone

• • •

Verarbeiten Sie die Zutaten mit einem Stabmixer zu einer himmlisch schmeckenden und herrlich gesunden Butter, die Sie auf Muffins und getoastetes Brot streichen, in eine Grütze mischen und auf Waffeln zerschmelzen lassen können.

Probieren Sie anstelle der Zitronenschale andere Geschmacksrichtungen aus – Gewürze, getrocknete Oliven, Knoblauch, fein gehackte, frische Kräuter und Blüten –, je nachdem, wofür Sie die Butter verwenden wollen.

Knäckebrot

Seit ich dieses Grundrezept bekommen habe, backe ich mehrmals pro Woche mein eigenes Knäckebrot in allen möglichen Varianten – salzig, würzig, süß, scharf, mit und ohne Körner, zum Frühstück, zum Mittag- oder Abendessen, als Knabberei oder für unterwegs. Das überzeugendste Argument ist, dass die Masse in weniger als drei Minuten zusammengemixt ist, man sie nur gleichmäßig auf einem Backpapier verstreichen muss und dann in den Ofen schieben kann, und nicht zuletzt, dass alle Varianten frei von Gluten sind. Das Knäckebrot enthält keine Getreidekörner, sondern basiert auf Hafer oder Buchweizen.

In meinem kleinen Backofen kann man nicht mehrere Bleche gleichzeitig backen, aber wenn Sie einen Umluftofen oder einen großen Backofen haben, vervielfachen sie einfach die Angaben im Rezept auf die Portion, die Sie haben möchten. Sollte das Knäckebrot nicht so schnell verputzt werden wie bei uns, hält es eine Weile in einer dichten Dose.

Die Vorgehensweise ist für alle Varianten gleich, während die Backzeiten voneinander abweichen können.

...

1 Tasse feine Haferflocken

1 Tasse Buchweizenflocken

⅔ Tasse Kürbiskerne

½ Tasse zerstoßene Leinsamen

5 EL Sesamkörner mit Schale

½ TL unraffiniertes Meer- oder Steinsalz

350 ml kaltes Wasser

evtl. Sonnenblumenkerne zum Darüberstreuen, ehe die Bleche in den Ofen geschoben werden

...

Heizen Sie den Backofen auf 160 °C vor. Die trockenen Zutaten in einer Schüssel mischen, Wasser darübergießen, gut verrühren, die Masse ein paar Minuten quellen lassen und auf einem mit Backpapier ausgelegten Backblech ausstreichen – am besten mit einem Teigschaber, damit sie schön gleichmäßig und glatt wird. Teilen Sie den Teig mit einem Messer oder Pizzarad in Stücke, ehe Sie das Blech (oder die Bleche) in den Ofen schieben. 50 bis 60 Minuten backen und zwischendurch die Blechplätze tauschen, wenn Sie mehr als eines in einem gewöhnlichen Ofen ohne Umluftfunktion backen. Heben Sie die fertigen Knäckebrote auf dem Backpapier auf einen Backrost und lassen Sie sie bei offener Klappe im Backofen abkühlen. So werden sie schön trocken und spröde.

Grundrezept für einfaches Buchweizenknäcke

Geben Sie dem Knäckebrot Geschmack, indem Sie dem Grundrezept getrocknete oder frische Kräuter zufügen – Kümmel, Kräuter der Provence, Curry, Cayenne, Kardamom, Honig, Salbei, getrocknete Zwiebeln, Nüsse, Mandeln, Hanfsamen, Ahornsirup, Zimt, Rosmarin, Veilchen, Gurkenkraut, Ringelblume, Brennnessel – allein Ihre Fantasie setzt Ihren Geschmacksknospen Grenzen.

Provenceknäcke mit sonnengetrockneten Tomaten

• • •

1 ½ Tassen Haferflocken

1 Tasse gehackte, sonnengetrocknete Tomaten (trocken, nicht in Öl eingelegt)

½ Tasse zerstoßene Leinsamen

½ Tasse Sonnenblumenkerne

2 TL Kräuter der Provence

1 TL unraffiniertes Meer- oder Steinsalz

350 ml kaltes Wasser

• • •

Diese Variante braucht etwas mehr Zeit im Ofen, um richtig spröde zu werden. Stellen Sie den Backofen nach dem eigentlichen Backen noch eine halbe oder ganze Stunde auf 75 °C und lassen das Knäckebrot mit dem Backpapier noch auf einem Rost im Ofen, die Klappe leicht geöffnet.

Schmeckt besonders gut mit Avocadobutter, Tomate und Gurke!

Madrascurry-Knäcke

• • •

2 Tassen feine Haferflocken

½ Tasse Kokosraspel

3 EL Nigellasamen (Schwarzkümmel) oder schwarze Sesamkörner, evtl. helle Sesamkörner mit Schale

1 EL Senfkörner

1 TL unraffiniertes Meer- oder Steinsalz

1 TL mittelscharfes Madrascurry

300 ml kaltes Wasser

• • •

Mit Frischkäse, Petersilie oder Cashewbutter (S. 145)!

Sämtliche Knäckebrote können auch in einem Trockenofen für Raw-Food zubereitet werden oder über Nacht mit leicht geöffneter Klappe bei niedriger Temperatur im Backofen.

Kardamomknäcke
mit fein gehackten Datteln und Honig

Fast wie Keks oder Biscotti – besonders lecker mit einem milden Käse, gern selbst gemacht (S. 138), etwas Apfelmus (S. 132) oder zum Tunken in den Morgentee (S. 79).

• • •

Diese Variante braucht wegen der Datteln eine etwas längere Trockenzeit. Lassen Sie den Backofen eine halbe oder ganze Stunde bei 75 °C weiter heizen, das Knäckebrot mit dem Backpapier bleibt währenddessen auf einem Rost im Backofen, die Klappe leicht geöffnet.

• • •

2 Tassen feine Haferflocken

½ Tasse zerstoßene Leinsamen

¼ Tasse ungeschälte Sesamkörner

1 Tasse fein gehackte Datteln

1 TL zerstoßener Kardamom (ich zerstoße ganzen schwarzen Kardamom im Mörser)

350 ml lauwarmes Wasser mit 2 EL eingerührtem Honig

Walnussknäcke mit Zimt

Backen Sie diese Variante bei etwas niedrigerer Temperatur, etwa 140 °C, um die wertvollen Fettstoffe in den Walnüssen nicht zu zerstören.

• • •

Schmeckt vollendet mit selbst gemachtem Apfelmus …

• • •

1 Tasse gehackte Walnüse

1 ½ Tassen feine Haferflocken

½ Tasse Buchweizenflocken

1 TL gemahlener Zimt

½ Tasse zerstoßene Leinsamen

350 ml lauwarmes Wasser mit 2 EL eingerührtem Ahornsirup oder Honig

Haferscones

• • •

ca. 8 Stück:

2 Eier

150 ml Hafermilch

150 ml Sojamilch

2 EL Olivenöl

75 g Hafermehl

75 g feines Vollkornmehl von Einkorn, Emmer oder Dinkel

1 knappe Tasse Haferflocken

5 EL Haferkleie

5 EL zerstoßene Leinsamen

1 TL unraffiniertes Meer- oder Steinsalz

2 TL Backpulver

Saftiges, kerngesundes Backwerk mit Hafer in jeder Form. Hafer ist ein wunderbares Getreide mit vielen Proteinen, guten Fettstoffen und Antioxidantien. Es bindet Cholesterin und stabilisiert den Blutzuckerhaushalt. Mit diesen fabelhaften Eigenschaften ausgestattet sollte Hafer einen souveränen und selbstverständlichen Platz auf jedem Frühstückstisch haben. Frisch gebacken oder leicht geröstet mit rosenroter Feigenmarmelade, selbst gemachtem Frischkäse, Avocado- oder Olivenbutter mit sonnenreifen Tomaten und Körner-Kerne-Mix, Sesampaste oder Cashewbutter aus eigener Produktion, roh gerührten Himbeeren, Linsenpastete oder italienischem Clown-Aufstrich – Sie haben die freie Wahl in der Luxusklasse!

• • •

Heizen Sie den Backofen auf 175 °C vor und legen Sie Backpapier auf ein Backblech.

Verquirlen Sie Eier und Milch zu einer schaumigen Masse, dann Olivenöl zugeben. Die trockenen Zutaten für sich mischen, ehe Sie sie in die Schüssel zur Eimasse geben. Nicht zu kräftig verrühren und die Masse in Häuflein auf dem Backpapier verteilen. Die Scones auf mittlerer Schiene ca. 25 Minuten backen.

Setzen Sie Ihren Scones mit frischen oder getrockneten Kräutern und Blüten die Krone auf – zum Beispiel mit Rosmarin, Ringelblume, Brennnessel oder Thymian.

Hafermuffins

für ca. 8 große Muffins:

2 Eier

150 ml Hafermilch

150 ml Sojamilch

3 EL Honig, aufwärmen, bis er flüssig wird, oder gleich flüssigen Honig nehmen, z.B. Akazienhonig

1 knappe Tasse Hafermehl

1 knappe Tasse feines Vollkornmehl von Einkorn, Emmer oder Dinkel

1 knappe Tasse Haferflocken

5 EL Haferkleie

5 EL zerstoßene Leinsamen

1 TL unraffiniertes Meer- oder Steinsalz

2 TL Backpulver

geschmolzene Butter zum Einpinseln der Förmchen

Füllung:

leicht gekochte Apfelstückchen und Zimt, frische oder gefrorene Blaubeeren, Himbeeren, Preiselbeeren, Brombeeren oder Ähnliches

Scones aus Hafer sind die reinsten kleinen Festpakete, wenn man sie mit etwas Süßem kombiniert, Obststückchen oder Beeren zum Beispiel, und sie in großzügigen, mit Butter eingepinselten Muffinformen backt.

Den Ofen auf 185 °C vorheizen. Die Muffinformen auf einem Backblech verteilen und mit der geschmolzenen Butter einpinseln. (Wenn Sie Apfelstückchen als Füllung wählen, geben Sie eine Prise Zimt in die Butter.) Verquirlen Sie Eier und Milch zu einer schaumigen Masse und rühren Sie den Honig unter. Die trockenen Zutaten getrennt vermischen, ehe Sie sie vorsichtig unter die Schaummasse heben. Die Masse auf die Formen verteilen und auf mittlerer Schiene ca. 30 Minuten backen.

Chapati

• • •

6 – 12 Brote:

ca. 350 g feines Vollkornmehl von Emmer, Dinkel oder Weizen sowie etwas Mehl um Ausrollen

200 ml kaltes Wasser

1 Prise unraffiniertes Meer- oder Steinsalz

Chapati dürfte das ursprünglichste aller Brote sein. Ich bin zu dem Ergebnis gekommen, dass das beste Mehl für die Zubereitung dieser «Luftkissen» tatsächlich Urkornmehl ist, besonders Emmer. Man kann Chapati aber auch wunderbar mit fein gemahlenem Vollkornmehl aus Dinkel oder Weizen machen. Chapati ist einfach zuzubereiten und gut zu lagern. Machen Sie die doppelte Portion und frieren Sie ein, was Sie nicht unmittelbar verwenden, um es nach Bedarf aufzutauen. Im Toaster gebacken, haben Sie jederzeit frische Fladenbrote, die Sie ganz nach Belieben belegen können! Wenn Sie die Chapati tellergroß machen, können Sie Wraps daraus rollen und z.B. mit Avocadobutter (S. 128) füllen, Mungobohnensprossen, sonnenreifen Tomaten und Körner-Kerne-Mix (S. 146). Oder belegen Sie das Fladenbrot üppig mit Clown-Aufstrich (S. 134) und frischem Salat. Pesto, Rosmarinpüree, Petersilienfeta und Sesampaste (alle S. 136 – 141) mit was Frischem, Grünem, Knackigem eignen sich auch ausgezeichnet als Chapati-Belag. Und Chapati lassen sich hervorragend mit den Resten vom gestrigen Abendessen füllen!

• • •

Mehl und Salz in einer Schale mischen und das Wasser in eine Vertiefung in der Mitte gießen. Zu einem geschmeidigen Teig verrühren, der nicht klebt. Den Teig auf einer mehlbestreuten Fläche kräftig kneten – mindestens 5, besser 10 Minuten. Den Teig abdecken und eine halbe Stunde kühl ruhen lassen. Noch einmal durchkneten und in sechs bis zwölf Stücke teilen – je nachdem, wie groß die Fladen sein sollen. Rollen Sie jeden Teigklumpen auf einer bemehlten Fläche zu einem dünnen, runden Fladenbrot. Heizen Sie eine Back- oder gusseiserne Pfanne vor und braten Sie die Fladenbrote nacheinander. Wenn der Fladen beginnt, sich aufzublähen, drücken Sie ihn einmal kurz mit einem breiten Bratenwender nach unten, bevor Sie ihn wenden. Wenn Sie den Teig lange und kräftig genug geknetet haben, wird der Fladen sich ordentlich aufblähen und gehörig Widerstand leisten. Wenn die Brote fertig sind, mit einem feuchten Geschirrtuch abdecken. Lassen Sie es sich nicht entgehen, ein frisch gebackenes Chapati mit Butter drauf zu probieren. Mmmmh …!

Dschungelbomben

Die «Dschungelbomben» sind kleine, intensive Energiepäckchen, die Sie lange am Laufen halten!

• • •

Den Backofen auf 200 °C vorheizen. Die Muffinförmchen auf einem Backblech verteilen. Schnittlauch, Samen und Körner, Kürbiskerne und Olivenöl in einen Mixer geben und zu einem groben Püree verarbeiten. Eier und Sojamilch in einer Schale schaumig schlagen. Die Schnittlauchmischung unterheben und gut mischen. Jetzt Mehl und Salz zugeben und gründlich verrühren. Zum Schluss Sprossen untermischen und die Masse auf die Formen verteilen. Die Bomben auf mittlerer Schiene ca. 20 Minuten backen. Was nicht auf der Stelle verputzt wird, kann eingefroren und später im Ofen wieder aufgewärmt werden.

Probieren Sie die Dschungelbomben pur oder mit selbst gemachtem Frischkäse (S. 138) oder einer sonnenreifen Avocado und Tomate!

• • •

Für 16 dieser Energiebällchen brauchen Sie:

16 Muffinformen

1 Tasse grob geschnittenen Schnittlauch

½ Tasse geschälte Hanfsamen

2 EL Sesamkörner

2 EL grob gehackte Kürbiskerne

3 EL Olivenöl

3 Eier

200 ml Sojamilch

½ TL unraffiniertes Meer- oder Steinsalz

3 ½ Tassen natürlich glutenfreie Mehl-/Flockenmischung aus Quinoa, Hirse, Reis und Amaranth

1 große Tasse Mungobohnen- oder grüne Linsensprossen

Früchtebrot

• • •

4 Eier
200 ml Sojamilch
3 EL geschmolzene Butter
3 EL Honig
1 TL frisch gestoßener Kardamom
2 Tassen Haferflocken, kurz gekocht
5 EL zerstoßene Leinsamen
8 getrocknete Aprikosen, in grobe Stücke geschnitten
½ Tasse grob gehackte Walnüsse
½ Tasse grob gehackte Mandeln
½ Tasse grob gehackte Haselnüsse
geriebene Schale einer Bio-Zitrone

Früchtebrot schmeckt am besten und lässt sich auch am besten verarbeiten, wenn man es vorm Anschnitt einen Tag stehen lässt.

• • •

Den Backofen auf 185 °C vorheizen und zwei kleine Kastenformen à 1 Liter so mit Backpapier auslegen, dass das Papier übersteht.

Butter in einem kleinen Topf schmelzen und Honig einrühren, bis er ebenfalls flüssig ist. Die Eier mit der Sojamilch schaumig schlagen und mit Kardamom würzen. Die getrockneten Früchte, Nüsse und Mandeln mit den Haferflocken vermischen und die geschmolzene Honigbutter und geriebene Zitronenschale unterrühren. Den Teig auf die zwei Formen verteilen und auf der mittleren Schiene ca. 1 Stunde backen. Das Früchtebrot ganz abkühlen lassen, ehe Sie es aus der Form nehmen.

Das Früchtebrot ist eine kerngesunde und äußerst leckere Alternative zum Weihnachtsgebäck. Es ist frei von Gluten und reich an wertvollen Vitaminen und Mineralien, Ballaststoffen und guten Fetten von all den Nüssen und Mandeln (die die geringe Buttermenge aufwiegen). Das Früchtebrot bleibt eine Weile frisch, wenn man es in Folie gewickelt kühl lagert. Servieren Sie die dünn geschnittenen Scheiben mit frisch gebutterter Butter und einem würzigen Käse.

Früchtebrot-Biscotti

Eines der beiden Früchtebrote schneide ich einen Tag nach dem Backen in dünne Scheiben, lege sie auf einen Backrost und backe sie auf mittlerer Schiene ca. 1 Stunde bei ungefähr 150 °C. Der Rost bleibt bei leicht geöffneter Klappe so lange im abgeschalteten Ofen, bis der Kuchen ganz abgekühlt ist. Die Kuchenscheiben sind nun zweimal gebacken und sollten schön hart und spröde sein, um ihrem Namen Biscotti alle Ehre zu machen!

Tunken Sie das Früchtebrot in eine Schale Soja-Chai oder heiße Schokolade, Ihren Lieblingstee oder eine Tasse rabenschwarzen Mokka.

Bananen-Kardamom-Brot mit Honig

• • •

6 Eier
50 g Butter
300 g flüssiger Honig
2 TL zerstoßener Kardamom (ich zerstoße ganzen schwarzen Kardamom im Mörser, das gibt einen besonders intensiven Geschmack)
2 – 3 reife, zermuste Bananen
200 g gemahlene Mandeln oder Walnüsse
1 knappe Tasse fein gemahlenes Emmer, Dinkel- oder Weizenmehl
½ Tasse Hafermehl
1 TL Backpulver

Es liegt wohl hauptsächlich an der Form, dass ich diese goldene Versuchung Brot nenne. Genau genommen handelt es sich um einen Kuchen, aber komplett ohne Zucker. Zusammen mit einem heißen Getränk ist es ein herrlich sanfter Start in den Tag. Das Rezept ergibt zwei kleine oder ein großes Kastenbrot.

• • •

Den Backofen auf 200 °C vorheizen. Die Eier in einer Schüssel schaumig schlagen und die zerdrückte Banane unterheben. Butter in einem Topf schmelzen, abkühlen lassen und Honig und Kardamom zugeben. Mehl und Backpulver vermischen. Nun alle Mischungen und die übrigen Zutaten miteinander verrühren und den Teig in zwei kleine, eingefettete Kastenformen à 1 Liter verteilen (alternativ eine größere Form; dann evtl. 5 – 10 Minuten längere Backzeit). Den Rost mit den Backformen auf die mittlere Schiene schieben und die Brote ca. 35 – 40 Minuten backen. Stechen Sie probehalber mit einem trockenen Holzspieß in die Brote, die innen einen Hauch feucht bleiben sollten, weil sie sonst schnell trocken und krümelig werden.

Ronjas rubinrote Muffins

«Muffins und Granatapfel, passt das zusammen?», hat Ronja ihre Mutter gefragt, und ihre Mutter hat mich gefragt. «Weiß ich nicht», habe ich geantwortet, «aber ich werd's ausprobieren.» – Und hier das Ergebnis:

Für 8 – 10 große Muffins:

- 2 Granatäpfel
- 100 g geschmolzene Butter
- 3 Eier
- ½ Tasse Vollrohrzucker
- 200 ml Sojamilch
- 2 ½ Tassen fein gemahlener Dinkel oder Emmer
- 2 TL Backpulver
- 2 EL Haferkleie
- 1 TL Vanillezucker, gerne selbst gemacht (S. 150)

Den Backofen auf 200 °C vorheizen und große Muffinformen auf einem Backblech verteilen. Die Granatäpfel kräftig mit der Handfläche auf der Arbeitsfläche hin und her rollen, bis Sie merken, dass sich die Kerne innen lösen und die Schale weich wird und nachgibt. Ritzen Sie die Schale beider Äpfel an, halten Sie sie über eine große Schüssel und lassen Sie den Saft herausrinnen. Brechen Sie die Äpfel auf und kratzen Sie die Kerne heraus. Die Schale und die weißen Innenhäutchen wegwerfen. Butter schmelzen und abkühlen lassen. Nun Ei und Zucker schaumig schlagen. Die Sojamilch und 100 ml Granatapfelsaft unterrühren. Die trockenen Zutaten in einer extra Schüssel vermischen und in der Mitte eine Mulde hineindrücken. Die geschmolzene Butter in den Eierschaum gießen und alles zusammen in die Mulde geben, vorsichtig unterheben, so kurz wie möglich zu einer dicken Masse verrühren. Die Granatapfelkerne unterrühren und den Teig auf die Formen verteilen. Die Muffins auf mittlerer Schiene ca. 25 Minuten backen. Testen Sie mit einer Stricknadel oder einem Holzspieß, ob sie fertig sind – sie sollten innen noch einen Hauch feucht sein.

Aufstriche

Alchemistenbutter

Ich habe nicht oft Butter selbst gemacht, aber als ich mit diesem Frühstücksprojekt loslegte, dachte ich mir, dass es doch nett wäre, das alte Butterfass auszuprobieren, das in unserer Hütte steht. Das gäbe obendrein ein hübsches Bild, dachte ich. Mit Voranschreiten des Buches, als ich erzählen wollte, wie man Butter selber macht, merkte ich, dass ich das alte, von Staub und Spinnenweben befreite Gerät in der Hütte vergessen hatte. Aber dann fiel mir wieder ein, dass meine Kinder ja mal in der Schule Butter gemacht hatten. Morgens waren sie gespannt mit einem Marmeladenglas mit Schlagsahne von dannen gezogen, um mittags stolz wie Bolle mit dem gleichen Glas zurückzukommen, jetzt mit einem goldenen, fetten Klumpen gefüllt, mit dem wir die Brötchen zur Suppe bestrichen haben. Wenn mein Nachwuchs das schafft, werde ich ja wohl auch meine eigene Butter schütteln können, dachte ich und suchte mir ein großes Weckglas mit Gummiring und Klammerverschluss, goss Sahne rein und gab ein paar Prisen meines Lieblingssalzes dazu – das einzige, das ich verwende: unraffiniertes Atlantik-Meersalz von Helios. Und dann begann ich zu schütteln. Nicht ohne vorher einen Blick auf die Uhr zu werfen, um zu sehen, wie lange das dauert. Ziemlich lange, wie sich herausstellte. Anders ausgedrückt: Ich schüttelte mich durch meine gesamte Bollywood-Musiksammlung, bis der weiße Schaum im Glas endlich festere Form annahm. Als ich zur nächsten Playlist mit Tanzmusik wechselte, ähnelte der Inhalt des Glases bereits einem Klumpen und hatte eine gelbliche Farbe angenommen. Und mitten im optimistischen Schütteln zu Marleys «One love» schien sich der Glasinhalt dann plötzlich aufzulösen, aus dem Klumpen trat immer mehr milchig-weiße Flüssigkeit, je länger ich schüttelte. Meine Arme wurden allmählich schwer und ich dachte: Na ja, ein netter Versuch. Und während Bob «Let's get together and feel all right» sang, öffnete ich den Deckel und sah einen goldgelben, wunderschönen, weichen Butterklumpen, der sich an einer Seite an die Glaswand klammerte. Ich fühlte mich mehr als «all right» und war mindestens so stolz wie meine Sprösslinge. Ich hatte aus Sahne Gold gemacht! Ich war eine Alchemistin! Glücklicherweise fiel noch genügend Tageslicht durchs Küchenfenster, sodass ich diesen historischen Augenblick verewigen konnte.

Für richtige Gourmetbutter rühren Sie einen Tropfen Trüffelöl in die fertige Buttermasse.

Avocadobutter

Dieser Aufstrich ist entstanden, als ich eigentlich Guacamole machen wollte, aber wir plötzlich ein paar mehr Leute am Tisch waren als geplant. Da ich nicht genügend Avocados hatte, um alle satt zu kriegen, schälte ich eine ganze Salatgurke, schnitt sie in große Stücke und verarbeitete sie mit den zwei vorhandenen Avocados zu einer luftigen Creme. Diese grüne «Notlösung» ist seitdem ein Klassiker auf unserem Speiseplan und passt besonders gut zu selbst gebackenem Knäckebrot (S. 108), gern mit einer sonnenreifen Tomate und Alfalfasprossen getoppt.

• • •

- 1 reife Limette
- 2 reife Avocado
- 1 Salatgurke, geschält und in große Stücke geschnitten
- unraffiniertes Meer- oder Steinsalz
- frisch gemahlener schwarzer Pfeffer

• • •

Kratzen Sie das Fruchtfleisch der Avocado aus der Schale in eine tiefe Schüssel. Den Limettensaft darüber auspressen und gut umrühren. Die Gurkenstücke dazugeben und mit einem Stabmixer, Standmixer oder in der Küchenmaschine zu einem groben Püree verarbeiten. Mit Salz und Pfeffer abschmecken und aufpassen, dass Sie nicht schon vorm Servieren alles wegnaschen …

Dieser Aufstrich kann mit ein paar Esslöffeln Ziegen- oder Schaffeta abgewandelt werden. Aber die pure, reife, cremige und samtweiche, knallgrüne Avocado auf frisch gebackenen Haferscones schmeckt in ihrer üppigen Schlichtheit auch himmlisch. Getoppt von einer Prise salzigem Körner-Kerne-Mix (S. 146).

Einfache Apfelsinentapenade

Tapenade ist einer meiner Favoriten aus Südfrankreich. In dieser Variante verarbeite ich eine halbe Bio-Apfelsine mit Schale und allem.

• • •

300 g entsteinte Kalamata-Oliven (die rotbraunen, länglichen)

½ Bio-Apfelsine, abgebürstet und in große Stücke geschnitten.

5 Stängel glatte Petersilie, fein gehackt

3 Knoblauchzehen

unraffiniertes Meer- oder Steinsalz

frisch gemahlener schwarzer Pfeffer

• • •

Verarbeiten Sie die Oliven und die Apfelsine im Mixer zu einer groben Creme. Fein gehackte Petersilie mit Knoblauch und etwas Salz im Mörser zerstoßen, bis der Knoblauch zerdrückt ist. Die Knoblauchpetersilie zu der Olivenmischung geben und kurz untermixen. Nach Bedarf noch etwas nachsalzen und mit Pfeffer aus der Mühle würzen.

Wenn Sie die Tapenade etwas süßer mögen, rühren Sie einen guten Esslöffel flüssigen Honig unter. Für einen richtig sättigenden Aufstrich mischen Sie die Hälfte der Tapenade mit einer Dose gut abgetropftem Thunfisch im eigenen Saft.

Einfache Aprikosenmarmelade mit Pistazien

• • •

ca. 300 g getrocknete Aprikosen

Mark einer Vanillestange

100 g grob gehackte Pistazien

geriebene Schale einer Bio-Zitrone

Wasser

Getrocknete Aprikosen haben einen natürlich hohen Fruchtzuckergehalt und eignen sich deshalb hervorragend für Marmelade und Konfitüre ohne extra Zuckerzusatz. Ich persönlich mag am liebsten ungeschwefelte Aprikosen. Die sind nicht so schön gelb, dafür aber süßer und nährstoffreicher als die chemisch behandelten. Diese Marmelade ist schnell und einfach zuzubereiten und passt gut zu frischen Haferscones (S. 114), zu Kardamomknäcke (S. 111) oder zu Frühstückspfannkuchen (S. 149 f.).

• • •

Die getrockneten Aprikosen in einen Topf legen und gut mit Wasser bedecken. Aufkochen und 10 – 15 Minuten bei schwacher Hitze köcheln, bis die Aprikosen aufquellen und weich werden. Zwei Drittel des Kochwassers abgießen. Den Rest mit einem Stabmixer o.Ä. zu einer groben Masse verarbeiten. Die restlichen Zutaten unterrühren und die Marmelade in ein verschließbares Glas umfüllen. Im Kühlschrank oder entsprechend kühl gelagert hält die Marmelade mindestens eine Woche.

Einfache Feigenmarmelade aus getrockneten Feigen

Mit einer Packung getrockneter Feigen und einer Zitrusfrucht im Haus ist diese selten leckere Marmelade schon halb gemacht. Statt der Limette, wie hier angegeben, können Sie genauso gut eine Zitrone oder Apfelsine nehmen.

• • •

250 g getrocknete Feigen, die Stiele entfernen

geriebene Schale und Saft einer Bio-Limette

ca. 300 ml Wasser

• • •

Die Feigen in einen Topf legen und mit Wasser bedecken (ca. 300 ml). Schale und Saft der Limette zugeben und aufkochen. Etwa 10 Minuten leise köcheln lassen und dann mit einem Stabmixer o.Ä. zu einer groben Masse verarbeiten. Mit einem guten Käse servieren!

Mischen Sie eine Handvoll grob gehackte Walnüsse in die warme Marmelade, das macht ihren Geschmack noch intensiver und ist eine wertvolle Omega-3-Fett-Quelle.

Zimt-Apfelmus

...

4 große Äpfel
½ Zitrone
etwas Wasser
¼ TL gemahlener Zimt

So einfach wie köstlich – luftig, frisch und fruchtig: selbst gekochtes Apfelmus. Und ganz ohne Zucker! Geben Sie einen üppigen Klecks auf ein Knäckebrot, in die Hafergrütze, auf die Frühstückspfannkuchen oder auf eine getoastete Scheibe Vollkornbrot.

...

Füllen Sie Wasser in einen Topf, sodass der Boden ca. ½ cm bedeckt ist. Pressen Sie den Saft einer halben Zitrone in das Wasser. Die Äpfel entkernen und schälen, in Stücke schneiden und in das Zitronenwasser geben. Aufkochen, mit Zimt bestreuen und gut umrühren. Die Äpfel bei schwacher Hitze köcheln lassen, bis ein grobes Mus entsteht. Zwischendurch umrühren. Das fertige Mus in ein sauberes und trockenes Glas mit dicht schließendem Deckel füllen und kühl lagern.

Rosenrote Feigenkonfitüre

Auf wundersame Art und Weise wird das hübsche Rosenrot, das mir aus einer frisch halbierten Feige entgegenstrahlt, in dieser gelungenen Vereinigung mit Limette und Honig konzentriert und konserviert – eine himmlische Verbindung von sonnenreifem Fruchtfleisch und aufregend grüner Limette, umschmeichelt von golden flüssigem Honig.

• • •

- 6 – 8 frische Feigen
- Saft von 2 – 3 reifen Limetten
- 3 – 4 EL flüssiger Honig

• • •

Schneiden Sie die Feigen zweimal längs durch, kratzen Sie das Fruchtfleisch heraus und geben Sie es in einen Topf. Die Limette aufschneiden und den Saft über dem Fruchtfleisch ausdrücken. Honig dazugeben und verrühren. Lassen Sie die Mischung etwa 15 Minuten im kalten Topf stehen, ehe Sie sie bei schwacher Hitze 10 – 20 Minuten köcheln lassen und ab und zu umrühren. Je länger die Konfitüre köchelt, desto dicker wird sie. Nicht zu dick einköcheln, weil sie beim Abkühlen auch noch steifer wird.

Wenn die Konfitüre erst später verzehrt werden soll, füllen Sie sie in ein verschließbares Glas, das Sie kühl lagern.

Italienischer Clown-Aufstrich

Der Clown-Aufstrich ist keine Erfindung, um Kinder für gesunde Kost zu begeistern. Ursprünglich ist der Aufstrich ein Nebenprodukt eines bescheidenen Gerichtes, das ich *Italienische Clowns* getauft hatte. Es besteht aus wenigen, einfachen und günstigen Zutaten, die in nicht einmal zwei Minuten zusammengemischt sind. Mich hat seinerzeit ein waschechter römischer Komiker und Clown auf die Spur dieses Schlagers gesetzt, daher der Name.

Stufe 1 – Italienische Clowns:

300 – 400 g gekochte Kidneybohnen (gerne aus der Dose), abgespült und abgegossen
2 Dosen Thunfisch im eigenen Saft, abgegossen
1 große rote Zwiebel, fein gehackt
150 – 200 ml gutes Olivenöl extra vergine
Saft und Schale einer Bio-Zitrone
unraffiniertes Meer- oder Steinsalz
frisch gemahlener schwarzer Pfeffer

Zerdrücken Sie alle Zutaten mit einer Gabel zu einem groben Mus. Der Abwechslung halber rühren Sie etwas klein gehackte grüne Paprika unter, fein gehackte Petersilie oder Kapern. Ich persönlich mag die Clowns am liebsten in ihrer einfachen, bescheidenen Originalversion. Dieser Salat passt zu jeder Tageszeit, mit Vorliebe auch zum Frühstück. Danach halten Sie bis lange über die Mittagspause hinaus aus!

Stufe 2 (falls noch Clowns übrig sind …) – Italienischer Clown-Aufstrich:

Verrühren Sie die Mischung mit Mayonnaise, gerne selbst gemacht (S. 143), würzen Sie mit Salz und Pfeffer nach und einem Löffel fein gehackter glatter Petersilie.

Rosmarinpüree

Dieses Püree aus weißen Bohnen macht sich besonders gut auf selbst gebackenem Provenceknäcke mit fein gewürfelter grüner Paprika und einer Prise frischer Kräuter.

• • •

- 250 g weiße Bohnen, mindestens 6 Stunden eingeweicht
- 1 EL unraffiniertes Meer- oder Steinsalz
- 150 ml Olivenöl extra vergine und ein paar extra EL zum Servieren
- 2 lange Stängel frischer Rosmarin
- 2 – 3 TL getrockneter Rosmarin
- 2 – 3 Knoblauchzehen
- frisch gemahlener schwarzer Pfeffer

• • •

Spülen Sie die Bohnen gründlich ab und geben Sie sie in einen Topf. So viel Wasser aufgießen, dass die Bohnen ein paar Zentimeter bedeckt sind. Aufkochen und ca. 200 ml kaltes Wasser in den Topf gießen, wenn das Bohnenwasser zu schäumen beginnt. Den Schaum mit einem Schöpflöffel oder einem einfachen Löffel abschöpfen. Rosmarin, Salz und Öl zugeben. Kochen lassen, bis die Bohnen weich sind. Den Topf von der Platte nehmen und mit geschlossenem Deckel ca. 15 Minuten (oder länger) ruhen lassen.

Heben Sie die Bohnen mit einem Schöpflöffel aus dem Kochwasser in eine Rührschüssel (Stabmixer) oder einen Standmixer und verarbeiten Sie sie zu einem geschmeidigen Püree mit der Konsistenz von Kartoffelpüree. Wenn das Püree zu fest ist, gießen Sie etwas von dem Kochwasser dazu. Zerstoßen Sie den getrockneten Rosmarin, Knoblauch und eine Prise Salzkörner, die Sie schnell unter das Püree rühren. Mit ein paar Esslöffeln Olivenöl, Salz und Pfeffer abschmecken.

Sesampaste

• • •

- 1 Glas dunkles Tahini
- 1 ½ rote Zwiebeln, fein gewürfelt
- 4 – 6 EL Tamari (japanische Sojasoße ohne Weizen, also glutenfrei)
- 1 EL Misopaste
- ein paar EL Wasser, je nach gewünschter Konsistenz

Dieser Aufstrich gehört zum Rezeptrepertoire der Familie, seit meine Mutter ihn in meiner Kindheit komponiert hat – eine würzige und vollmundige Alternative zu Käse, voller Kalzium, E-Vitaminen, Eisen, guten ungesättigten Fetten und Vitamin K. Basis des Aufstriches ist Tahini – gemahlene Sesamkörner –, wobei ich die ökologischen, ungeschälten Körner vorziehe. Viele der guten Nährstoffe sitzen nämlich direkt unter der Schale. Ganz davon abgesehen finde ich dunkle Tahini schmackhafter als helle, die aus geschälten Körnern gemacht ist. Aber am besten ist und bleibt doch meine selbst gemachte (S. 146).

• • •

Alle Zutaten zu einer gleichmäßigen und weichen Paste verrühren.

Linsenpastete

Dieser gesunde, günstige und superleckere Aufstrich kann auch portionsweise eingefroren werden!

...

Den Backofen auf 200 °C vorheizen. Die Zwiebelwürfel in Olivenöl andünsten, bis sie glasig weich sind. Nicht braun werden lassen. Das Einweichwasser der Linsen abgießen und die Linsen in einen großen Topf geben. Die Linsen mit Wasser bedecken und die angedünsteten Zwiebelwürfel und Gemüsebrühe (Pulver) zugeben. Kochen, bis die Linsen weich sind. Mit dem Kartoffelstampfer zu einem gleichmäßigen Brei zerstampfen, Öl zugeben, dann nacheinander die Eier, Gewürze, Petersilie, Salz, Pfeffer und zum Schluss den Zitronensaft. Füllen Sie die Masse in eine feuerfeste, eingefettete 1-Liter-Kastenform. Die Form in ein tiefes, mit Wasser gefülltes Backblech stellen und ca. 45 Minuten backen. Falls die Pastete zu schnell braun wird, decken Sie sie mit Alufolie ab. Testen Sie mit einem Streichholz, ob die Pastete gar ist – sie sollte innen fest, aber nicht zu trocken sein. Lassen Sie die Pastete richtig abkühlen, ehe Sie sie aus der Form stürzen und portionsweise aufschneiden. Die Portionen lassen sich wunderbar einfrieren und nach Bedarf aus dem Gefrierfach nehmen. Im Kühlschrank auftauen.

Die Pastete schmeckt natürlich am besten frisch und lauwarm, direkt aus der Form – auf selbst gebackenem Knäcke- oder Vollkornbrot (S. 106), mit frischen Sprossen, eingelegter Roter Bete oder Gurke.

...

- 2 gelbe Zwiebeln, fein gewürfelt
- Olivenöl zum Andünsten
- 150 g braune oder grüne Linsen, eine Stunde oder länger eingeweicht
- 1 EL Gemüsebrühepulver
- 50 ml Olivenöl
- 3 Eier, leicht geschlagen
- 1 Messerspitze Piment, gemahlen
- 1 Messerspitze Nelken, gemahlen
- ½ TL Currypulver
- eine Handvoll fein gehackte glatte Petersilie
- ½ – 1 TL unraffiniertes Meer- oder Steinsalz
- frisch gemahlener schwarzer Pfeffer
- 1 EL Zitronensaft

Petersilienfeta

...

Ein ordentliches Stück Ziegen- oder Schafskäse in eine Schale krümeln, reichlich fein gehackte glatte Petersilie oder andere frische Kräuter untermischen, ein paar Umdrehungen mit der Pfeffermühle, eine Prise unraffiniertes Meer- oder Steinsalz darüberstreuen und einen Schwenk gutes Olivenöl. Das Ganze mit einer Gabel verkneten – und auf selbst gebackenem Knäckebrot genießen.

Selbst gemachter Frischkäse

• • •
1 l Bio-Kefir
1 Becher Bio-Sahne
Geschmacksgeber

Dies ist ein delikater, luftig-leichter Butterkäse, dem Sie je nach Gelegenheit und Verwendung eine besondere Geschmacksnote geben können. Zum Sieben des Käsebruchs brauchen Sie ein sauberes Leinen- oder Baumwolltuch, einen langen Bindfaden und ein hohes Gefäß oder einen Krug mit Rand. Befestigen Sie das Tuch mit dem Bindfaden so über der oberen Öffnung, dass eine Wiege für die Käsemasse entsteht.

• • •

Mischen Sie die Zutaten gründlich in einem Topf. Die Mischung langsam auf mittelwarmer Platte erhitzen. Achten Sie darauf, dass es nicht kocht. Wenn die Masse sich in eine dünne, gelbliche Flüssigkeit (Molke) und in festeres, weißes Material (Käsebruch) trennt, füllen Sie alles zusammen in das Tuch. Lassen Sie so viel Flüssigkeit abtropfen, bis die Masse im Tuch dick ist und die dünnflüssige Molke sich in dem Gefäß darunter gesammelt hat. Das kann eine Weile dauern. Sie können das Ganze auch über Nacht kaltstellen.

Die ausgesiebte Molke kann als Flüssigkeit zum Backen weiterverwendet werden.

Nehmen Sie den Käsebruch aus dem Tuch und geben Sie etwas unraffiniertes Meer- oder Steinsalz und andere Geschmacksgeber dazu, nach Lust und Gelegenheit – Knoblauch, frisch gemahlener schwarzer Pfeffer und fein gehackte frische oder trockene Kräuter, einzeln oder kombiniert.

Etwas geriebene Schale einer Bio-Zitrone und eine Prise Vanillezucker unter den Käse gemischt – das ergibt einen delikaten Aufstrich für das Kardamomknäcke (S. 111) oder die Haferscones (S. 114). Im Kühlschrank hält der Käse ungefähr eine Woche.

Pesto ohne Käse

• • •

1 Topf frisches Basilikum

1 Tasse fein gehackte glatte Petersilie

1 Tasse Walnüsse oder Pistazien

3 Knoblauchzehen

unraffiniertes Meer- oder Steinsalz

1 TL Zitronensaft

50 – 100 ml gutes Olivenöl extra vergine

Ich mache oft Pesto, mal mit, mal ohne Käse. Letzteres weniger deshalb, weil ich keine Lust auf Parmesan oder Pecorino hätte, sondern weil beim spontanen Entschluss, Pesto zu machen, fast alle nötigen Zutaten im Hause sind, aber weder der eine noch der andere Käse aufzutreiben ist, auch nicht in der Nachbarschaft. Wie jedes Pesto kann auch dieses mit verschiedenen frischen grünen Kräutern und Nüssen, Körnern oder Kernen abgewandelt werden, hier mit Basilikum und glatter Petersilie.

• • •

Knipsen Sie alle Blätter vom Basilikum und geben Sie sie mit der gehackten Petersilie, dem Knoblauch, etwas Salz und den Nüssen in den Mörser. Alles zu einer sämigen Paste zerstoßen, Öl zugießen, gut verrühren und mit Zitronensaft und eventuell etwas mehr Salz abschmecken.

Pesto – mit oder ohne Käse – schmeckt himmlisch auf einer Scheibe selbst gebackenem Knäcke oder Vollkornbrot, gerne mit sonnenreifen Tomaten.

Pesto mit Käse

Pesto entsteht im Mörser – von italienisch *pestare* = «zerstampfen». Wer mich kennt, weiß, dass ich ein absoluter Gegner bin, Pesto mit einem anderen Werkzeug als dem Mörser zuzubereiten. Nicht aus Wichtigtuerei oder Prinzip, sondern schlicht und einfach, weil die gleichen Zutaten, mit einer Maschine und Messern zerhäckselt, dem wahren Pesto geschmacklich nicht das Wasser reichen können. Und schließlich wünsche ich allen, dass sie dieses himmlische Gericht so erleben, wie es gedacht ist.

Was den Käse im Pesto angeht, bin ich nicht so kompromisslos. Ich nehme, was ich gerade da habe – Parmesan, Pecorino oder Manchego. Im Grunde genommen eignen sich alle salzigen Hartkäse. Auch bei den übrigen Zutaten halte ich mich nicht sklavisch an den Klassiker Genovese, sondern finde, dass Petersilie und Dill in dem Zusammenhang genauso gut harmonieren wie Basilikum. Die Pinienkerne, die ich bei mir kaufen kann, sind unverhältnismäßig teuer und schmecken oft fade bis ranzig und geben der Mischung wenig Substanz. Deswegen greife ich für mein Pesto gern auf Walnüsse, Pistazien oder Mandeln zurück.

• • •

- 4 Knoblauchzehen oder ein ganzer Knoblauch
- 1 Tasse geschälte Pistazien, Mandeln oder Walnüsse
- 1 Topf frisches Basilikum oder 1 Tasse grob gehackte glatte Petersilie oder Dill
- 100 – 200 ml Olivenöl extra vergine
- ca. 125 g frisch geriebener Parmesan, Pecorino, Manchego oder eine Mischung von allen dreien
- ein paar Tropfen frisch gepresster Zitronensaft
- unraffiniertes Meer- oder Steinsalz

• • •

Knoblauch, Kräuter, Nüsse und etwas Salz in den Mörser geben und zu einer sämigen Paste zerstoßen. Geben Sie währenddessen wechselweise Öl und Käse in kleinen Portionen dazu. Die Ölmenge richtet sich nach der gewünschten Konsistenz für das Pesto. Am Ende mit etwas Zitronensaft und eventuell mehr Salz abschmecken … aber aufpassen, dass Sie dabei nicht alles auf einmal aufessen.

Knoblauch ist Ihr Freund im Kampf gegen Viren, Pilze und Infektionskrankheiten, und er schützt vor Krebs und Vampiren. Lächeln Sie wissend, wenn jemand die Nase rümpft, weil Sie Knoblauch zum Frühstück gegessen haben.

Bio-Geflügelleberpastete

• • •

3 EL Olivenöl oder Butter

3 fein gewürfelte Schalotten

ca. 600 g Bio-Geflügelleber

1 TL getrockneter oder frisch gehackter Majoran – oder andere Kräuter nach Geschmack und Einfall

5 getrocknete Feigen, die Stiele wegschneiden

250 ml Wasser

schwarzer Pfeffer aus der Mühle und unraffiniertes Meer- oder Steinsalz

3 – 4 EL eingelegter Rosépfeffer (wahlweise)

Diesen Klassiker habe ich im Laufe der Jahre in allen erdenklichen Varianten zubereitet, in unterschiedlichen Geschmacksrichtungen, je nach Gelegenheit und Zutaten, die ich bekommen konnte. Die Grundlage ist Bio-Geflügelleber, eine Zwiebelsorte, Öl, Salz und Pfeffer. Womit man es darüber hinaus kombiniert, bleibt, wie so vieles in der Küche, ganz Ihrer Fantasie überlassen. Ich habe das erste Mal Feigen in der Pastete verarbeitet, als ich keinen Madeira zur Hand hatte, und seitdem ist das meine Lieblingsvariante. Für eine einfachere Variante ersetzen Sie die Feigen durch 150 ml kochendes Wasser.

• • •

Geben Sie die Feigen mit etwas Wasser in einen kleinen Topf. Kurz aufkochen und ca. 10 Minuten bei schwacher Hitze weiterköcheln lassen. Wenn die Feigen weich und saftig sind, mit dem Wasser zu einem dicken Brei vermischen (mit dem Mixer oder einer Gabel). Während die Feigen köcheln, können Sie den Rest der Pastete vorbereiten.

Öl oder Butter in einer tiefen Bratpfanne erhitzen und die Zwiebelwürfel darin weich und goldgelb andünsten. Die Leber dazugeben und ein paar Minuten von beiden Seiten mit den Zwiebeln anbraten. Die Kräuter und die pürierten Feigen dazugeben und gut umrühren. Mit etwas Pfeffer aus der Mühle und Salz würzen. Alles zusammen drei, vier Minuten köcheln lassen, dann in eine Schüssel umfüllen, in der Sie die Pastete zu der von Ihnen gewünschten Konsistenz mixen können.

Rosépfeffer mit einem Löffel unterheben und die erste Runde servieren, solange die Pastete noch warm ist! Im Kühlschrank hält die Pastete mindestens eine Woche.

Bringen Sie ein Glas Pastete mit zu einem Brunch bei Freunden oder in der Familie, verschenken Sie einen Krug mit der Köstlichkeit oder genießen Sie ihn alltags auf selbst gebackenem Knäckebrot (S. 108) mit einer Gurkenscheibe.

Thunfischaufstrich

Diesen fantastisch leckeren und nährstoffreichen Brotaufstrich können Sie mit selbst gemachter oder fertig gekaufter Mayonnaise zubereiten. Alternativ können Sie die Mayonnaise ganz weglassen und durch Olivenöl ersetzen. Thunfisch ist eine super Proteinquelle, voller B-Vitaminen, Selen, Phosphor, Eisen und Zink. Und die Petersilie, das Öl und das Ei liefern die restlichen Nährstoffe, die Ihr Körper braucht.

• • •

1 Eigelb

50 ml Olivenöl, alternativ 1 Tasse fertige Mayonnaise

geriebene Schale und ½ TL Saft einer Zitrone

1 Dose Thunfisch im eigenen Saft, gut abgegossen

2 EL fein gehackte Petersilie

unraffiniertes Meer- oder Steinsalz und schwarzer Pfeffer aus der Mühle

• • •

Das Eigelb in eine kleine Schüssel mit rundem Boden geben und die Schüssel auf einen nassen Lappen stellen, damit sie nicht verrutscht. Das Öl nach und nach über das Eigelb gießen und kräftig schlagen. Wenn man zu viel Öl auf einmal aufgießt, trennen sich die Zutaten der Mayonnaise und werden zu einer dünnen Suppe. Wenn alles Öl mit dem Eigelb verquirlt ist, sollten Sie feste, gelbe Mayonnaise in der Schüssel haben.

Verrühren Sie die selbst gemachte oder gekaufte Mayonnaise oder das pure Öl mit dem Saft und der geriebenen Schale der Zitrone, dem Thunfisch und der fein gehackten Petersilie zu einem cremigen Aufstrich. Abschließend mit Salz und Pfeffer abschmecken.

Körner-, Kern- und Nussaufstrich aus eigener Produktion

Nüsse, Kerne und Körner sind enthalten viele essenzielle Fettsäuren, Vitamine, Mineralstoffe, Aminosäuren und Ballaststoffe. Selbst gemachte Brotaufstriche aus Nüssen und Körnern sind billiger als im Laden gekaufte. Wie einfach, schnell, schwierig oder zeitaufwendig Nussbutter herzustellen ist, hängt zum großen Teil davon ab, welche Geräte Sie einsetzen. Zum Mahlen der Nüsse und Körner brauchen Sie eine Küchenmaschine mit kräftigem Motor und stabilen Messern. Machen Sie zwischendurch Pausen, damit der Motor nicht heiß läuft. In der Regel kann man etwas nachhelfen, indem man das, was gemahlen werden soll, etwas nachdrückt, oder man gibt etwas Wasser oder Öl dazu, um den Prozess zu beschleunigen. Bei einigen der folgenden Rezepte ist Geduld eine wichtige Zutat.

Cashewbutter

Cashewkerne lassen sich am leichtesten zu Butter verarbeiten; manchmal braucht man nicht einmal Wasser oder Öl, um eine geschmeidige, seidenweiche Creme zu bekommen. Für einen besonders intensiven Geschmack rösten Sie die Nüsse vor dem Mahlen vorsichtig. Legen Sie die Nüsse dazu auf ein Backblech, das Sie in den auf ca. 175 °C vorgeheizten Ofen schieben, bis sich ein rundes, nussiges Aroma entwickelt und die Nüsse goldbraun werden. Nehmen Sie das Blech zwischendurch heraus und rütteln Sie es leicht, damit die Nüsse gleichmäßig von allen Seiten gebräunt werden.

• • •

Die Nüsse mit dem Salz in einer elektrischen Nussmühle oder einer Küchenmaschine mit geeigneten Messern zerkleinern, bis die Nüsse Fett absondern – fertig ist die Butter.

Mandelbutter

Es ist ratsam, die Mandeln vor dem Mahlen ein paar Stunden in Wasser einzuweichen. So werden sie leichter verdaulich und bekommen einen extra intensiven Geschmack. Aber man kann auch einfach etwas Wasser während des Mahlens zugießen.

• • •

Für ein Glas Mandelbutter brauchen Sie:

ca. 200 g Mandeln, gerne ein paar Stunden eingeweicht, sonst 200 g trockene Mandeln + 50 ml Wasser

wahlweise: 4 große Datteln ohne Stein, 2 EL Honig, 2 EL Dattelsirup, 2 EL Ahornsirup oder ein anderer Süßstoff nach Geschmack

• • •

Gießen Sie das Einweichwasser ab und geben Sie die Mandeln in eine elektrische Nussmühle oder eine Küchenmaschine mit geeigneten Messern. Auf hoher Stufe mahlen, bis die Mandeln Fett absondern und einen geschmeidigen Brei bilden. Die Datteln oder den Süßstoff Ihrer Wahl zugeben und noch ein bisschen weiter mixen, bis alles gut vermischt ist.

Kürbiskernbutter

Kürbiskerne enthalten viel Proteine, gute Fette, Vitamin K, Eisen, Zink, Kupfer und Magnesium. Für besonders aromatische Butter rösten Sie die Kürbiskerne vor dem Mahlen kurz trocken in einer Bratpfanne oder im Ofen, bis sich ein leichter Nussduft entwickelt.

• • •

Für ein kleines Glas Kürbiskernbutter brauchen Sie:

1 Tasse Kürbiskerne

ca. 3 EL gutes Öl, z.B. Olive, Sesam, Walnuss oder Avocado

eine Prise unraffiniertes Meer- oder Steinsalz

• • •

Mahlen Sie die Kürbiskerne auf hoher Stufe in einer elektrischen Nussmühle oder einer Küchenmaschine mit passenden Messern fein. Öl und Salz zugeben und weiterrühren, bis die Nussmasse eine fette und streichbare Konsistenz annimmt. Wenn die Masse nicht cremig werden will, etwas mehr Öl zugeben.

Erdnussbutter

Wird wie Cashewbutter zubereitet.

Sesambutter – Tahini

Sesamkörner sind reich an Mineralien und Spurenelementen, besonders Kalzium und Eisen, sie enthalten fast alle Aminosäuren, B-Vitamine und gesundes Fett. Gemahlene Sesamkörner sind ein Klassiker und heißen auch Tahin oder Tahini. Das beste Tahini ist natürlich das selbst gemachte. Es ist eine kleine Herausforderung, den kleinen ölgesättigten Sesamkörnern ihre Fettstoffe abzuringen, sodass sie eine Paste bilden, aber mit einem kleinen Schuss Öl geht es gleich leichter.

• • •

Für ein Glas Tahini brauchen Sie:

1 große Tasse ungeschälte Bio-Sesamkörner
50 ml Sesamöl oder Olivenöl
½ TL unraffiniertes Meer- oder Steinsalz

• • •

Die Sesamkörner bei hoher Stufe in einer elektrischen Nussmühle oder einer Küchenmaschine mit geeigneten Messern sehr fein mahlen. Öl und Salz zugeben und zu einer fetten und streichbaren Konsistenz verarbeiten. Wenn die Mischung nicht cremig genug ist, noch etwas Öl zugeben. Schnuppern Sie am Tahini, sobald es fertig ist: ein warmer, intensiver und mystischer Duft. Möchten Sie die Sesambutter abwandeln, testen Sie einmal die Paste, die ich seit meiner Kindheit im Repertoire habe (s. S. 136).

Haselnuss-Schoko-Aufstrich

Dieser Aufstrich ist so himmlisch lecker wie gesund und kann mit gutem Gewissen jeden Tag aufs Brot gestrichen werden. Haselnüsse sind eine gute Quelle für gesunde Fette, E- und B-Vitamine, Kupfer, Mangan und Aminosäuren. Kakao wird aus gutem Grund die Speise der Götter genannt. Er gilt nicht nur als Grundstoff des Glücks und der Liebe, sondern ist auch eine der reichsten Quellen an Antioxidantien, Mineralstoffen und Vitaminen.

• • •

1 Tasse Haselnüsse, über Nacht eingeweicht
½ Tasse rohe Kakaostückchen
Mark einer Vanilleschote
2 EL Wasser
evtl. 2 EL Dattelsirup oder Ahornsirup
evtl. 1 Messerspitze Chili oder Cayennepfeffer

• • •

Das Einweichwasser abgießen und die Nüsse auf hoher Stufe in einem Standmixer, einer elektrischen Nussmühle oder einer Küchenmaschine mit geeigneten Messern fein mahlen. Die restlichen Zutaten zugeben und zu einer fetten und streichbaren Konsistenz verrühren. Für eine geschmeidigere Konsistenz gegebenenfalls etwas mehr Wasser zugeben.

Salziger Körner-Kerne-Mix

Das i-Tüpfelchen auf einer Brotscheibe mit Avocado, Feta oder Tomate, auf Salat oder einem gekochten Frühstück. Eine leckere Alternative zu Tafelsalz, voller Mineralstoffe und guter Fette.

• • •

2 EL Kürbiskerne
3 EL Sonnenblumenkerne
3 EL ungeschälte Sesamkörner
2 TL unraffiniertes Meer- oder Steinsalz

• • •

Die Kerne und Körner in einer trockenen Bratpfanne rösten, bis einem das nussige Aroma in die Nase steigt. Darauf achten, dass die Körner nicht braun werden, sondern nur gleichmäßig goldgelb. Den gerösteten Körnermix mit dem Salz in einer elektrischen Mühle grob hacken, gründlich vermischen und abkühlen lassen. In ein verschließbares Glas füllen.

Pfannkuchen und Eier

Pfannkuchen

Pfannkuchen zum Frühstück geben ein Gefühl von freier Zeit und passen wunderbar zu einem Ferientag oder Wochenende. Wenn Sie den Teig am Vorabend ansetzen, ist Pfannkuchen auch an jedem Wochentag eine ebenso schnelle und praktische Mahlzeit wie viele andere. Sie können den Teig auch in eine PET-Flasche füllen und mitnehmen, um ihr Frühstück über einem Lagerfeuer oder auf einem Campingkocher im Freien zuzubereiten, während die Sonne über einem Hügel oder einer Bergspitze aufgeht. Die Variationen zum Thema Pfannkuchen sind unerschöpflich. Sie können mit jeder Form von Ei, verschiedenen Milch- oder Mehlsorten zubereitet werden und mit jeder beliebigen Füllung oder Beilage – süß oder salzig, hot or not, mit Gewürzen, Kräutern, Blüten, Körnern, Samen oder geriebener Zitronenschale. Experimentieren Sie und kreieren Sie neue Varianten mit wechselnden Zutaten, die Sie auf den ersten Blick vielleicht nicht mit Pfannkuchen in Verbindung bringen würden!

Pfannkuchen für jeden Tag

Pfannkuchen für jeden Tag mit Vanille, Kardamom und Zimt lassen sich gut am Vorabend vorbereiten, um Sie und andere am nächsten Morgen zu erfreuen. Da der Teig möglichst eine Weile ruhen sollte, eignet er sich also nicht unbedingt als Spontanfrühstück. Servieren Sie den Pfannkuchen mit Ihrer Lieblingskonfitüre, roh gerührten Beeren, einem Obstsalat, Ahornsirup, Zimt-Apfelmus (S. 132), zerkrümeltem Ziegenkäse oder Naturjoghurt mit flüssigem Honig.

• • •

- 4 Eier
- 600 – 700 ml Milch, gerne gemischt, z.B. Soja-, Reis- und Hafermilch
- ½ Tasse Gerstenmehl
- ½ Tasse Hafermehl
- ½ Tasse feines Vollkornmehl von Emmer, Einkorn, Kamut, Dinkel oder Weizen
- ½ Tasse feines Mehl von Emmer, Einkorn, Kamut, Dinkel oder Weizen
- 3 EL zerstoßene Leinsamen
- 1 TL gemahlener Zimt
- 1 TL frisch zerstoßener Kardamom
- 1 TL selbst gemachter Vanillezucker (S. 150) oder das Mark einer Vanilleschote
- Rapsöl, Kokosöl extra vergine, Butter oder anderes geeignetes Bratfett

• • •

Die Eier in einer Schüssel schaumig schlagen und die Hälfte der Milch zugeben. Alle trockenen Zutaten vermischen und mit der Flüssigkeit verquirlen. Zuletzt die restliche Milch dazugießen und mit einem Tuch die Schüssel abdecken. Den Teig einige Stunden ruhen lassen – gerne über Nacht –, ehe Sie das Bratfett in einer guten Pfanne erhitzen und die Pfannkuchen von beiden Seiten goldbraun backen.

Haferpfannkuchen

• • •

4 Eier

1 Tasse Hafermilch

1 Tasse Sojamilch

100 g Hafermehl

100 g feines Vollkornmehl von Emmer, Einkorn, Kamut, Dinkel oder Weizen

1 gehäufter TL selbst gemachter Vanillezucker – evtl. das pure Mark einer Vanilleschote, aber fertig gekaufter Vanillezucker tut's genauso

Butter, Kokosfett extra vergine oder anderes Bratfett

Bereiten Sie den Teig am Vorabend zu – und überraschen Sie Ihre Lieben mit frisch gebackenem Pfannkuchen zum Frühstück!

• • •

Eier und Milch schaumig schlagen, Vanille einrühren und das Mehl einsieben. Backen Sie die Pfannkuchen in einer guten Pfanne von beiden Seiten goldgelb und servieren Sie sie mit frisch angerührten Beeren oder rosenroter Feigenkonfitüre (S. 133) und einem Klecks dickem und fettem Naturjoghurt.

Selbst gemachter Vanillezucker

• • •

1 Vanilleschote

200 g Rohrohrzucker

• • •

Halbieren Sie die Vanilleschote der Länge nach und schneiden Sie die Hälften in der Mitte durch. Mit dem Zucker in eine Küchenmaschine oder einen Standmixer geben und mixen. Nun den Zucker durch ein Sieb geben, um eventuelle Schotenreste auszusieben. Den Zucker in einem verschließbaren Glas verwahren.

Buchweizenpfannkuchen für jeden Tag oder für festliche Anlässe

• • •
4 Eier
400 ml Sojamilch
1 TL zerstoßener Kardamom
Mark einer Vanilleschote oder 2 TL Vanillezucker, gern selbst gemacht
1 dl zerstoßene Leinsamen
1 ½ Tassen Buchweizenmehl
Butter, Rapsöl oder anderes Bratfett

In der Bretagne wird Buchweizen *schwarzer Weizen* genannt – blé noir – und zu hauchdünnen Crêpes oder Galettes verarbeitet, mit Apfelcidre und Meeresfrüchten als Beilage. Buchweizen gehört allerdings nicht, wie man aus dem Namen schließen könnte, zur Weizenfamilie, sondern ist der Samen einer Krautpflanze. In Sibirien wächst er wild und wird zu Blinis verarbeitet, die mit Kaviar und Wodka gegessen werden. Auch in Nordamerika wird Buchweizen angebaut, eine der Zutaten in den dicken Frühstückspfannkuchen, die stapelweise serviert und in Ahornsirup getaucht werden. Sowohl die russische als auch die bretonische Variante der Buchweizenpfannkuchen sind eher salzig als süß und werden mit Getränken zusammen genossen, die wir nicht unbedingt mit der ersten Mahlzeit des Tages verbinden. Meine persönliche Variante dieses Gerichtes ist das Ergebnis aus Versuchen, Fantasie, Ideen und Inspiration aus verschiedenen Richtungen. Für ein spätes Wochenendfrühstück empfehle ich einen «französischen Indianer»: Zimt-Apfelmus, ein Schuss Calvados im Ahornsirup, eine Flasche Cidre auf dem Tisch – nette Leute, viel Zeit und keine anderen Pläne für den Tag, als lange und ausgedehnt zu frühstücken.

Alle Pfannkuchen sind natürlich glutenfrei.

• • •

Schlagen Sie die Eier mit 100 ml Sojamilch in einer großen Schüssel schaumig. Kardamom, Leinsamen, Vanille und Buchweizenmehl zugeben und zu einem dicken, geschmeidigen Teig verrühren, ehe Sie die restliche Milch zugießen. Den Teig eine halbe Stunde ruhen lassen. Backen Sie die Pfannkuchen in Butter, gerne Butterschmalz, Rapsöl, Kokosöl oder anderem geeigneten Bratfett.

Die Pfannkuchen nicht zu lange backen, weil sie sonst trocken werden – schnell umdrehen und heiß servieren! Zum Beispiel mit Ahornsirup und gehackten Nüssen oder Mandeln.

Buchweizenpfannkuchen mit Ahornsirup und Fetakäse von Schaf oder Ziege sind eine kontrastreiche und appetitliche Begegnung konzentrierter Salzigkeit und kompakter Süße, vollendet eingehüllt in einen heißen, runden Umschlag. Mmmmh … Oder probieren Sie doch mal Pfannkuchen mit selbst gemachter Aprikosen- oder Feigenkonfitüre mit Walnüssen.

Einkorn, Emmer und Kamut sind uralte Getreidearten, die schon in vorgeschichtlicher Zeit angebaut wurden und heute eine Renaissance erleben. Sie gehören zu den ersten Speisegetreiden und sind die Vorläufer von Weizen und Dinkel. Wenn Sie eine Glutenintoleranz haben, kann es durchaus sein, dass Sie diese antiken und ursprünglichen Goldkörner vertragen. Alle drei sind sehr nährstoffreich und enthalten besonders viel Proteine, B-Vitamine und Mineralstoffe. Urweizen ist aromatisch und eignet sich für Backmischungen, Pfannkuchen und Waffeln.

Holunderblütenpfannkuchen

Wenn Sie im Mai oder Juni einen blühenden Holunderbusch in der Nähe haben, machen Sie doch mal einen Strauß Pfannkuchen!

...

3 – 4 Eier

4 EL Rohrzucker, bei Bedarf

1 Vanilleschote

1 ½ Tassen fein gemahlenes Mehl von Dinkel oder Weizen

eine Prise Salz

600 – 700 ml Sojamilch naturell oder andere passende Milch

Rapsöl, Butter oder Kokosöl extra vergine zum Braten

8 – 10 Holunderblütendolden

...

Eier und Zucker in einer tiefen Schüssel schaumig schlagen. Schneiden Sie die Vanilleschote auf der flachen Seite der Länge nach durch und kratzen Sie das Mark aus der Schote in die Schüssel. Die halbe Menge der Sojamilch unterrühren, Mehl und Salz zugeben und zu einem geschmeidigen, glatten Teig verquirlen. Zum Schluss die restliche Sojamilch unterrühren und den Teig etwa eine Stunde ruhen lassen. Währenddessen acht bis zehn Holunderblütendolden mit langem Stiel abschneiden, gründlich abspülen und abtropfen lassen. Erhitzen Sie reichlich Bratfett in einer guten Pfanne. Nehmen Sie eine Blütendolde und tauchen Sie sie in den Pfannkuchenteig. Mit einem schnellen Schwung in die heiße Bratpfanne heben und backen, bis der Teig durch ist. Direkt aus der Pfanne servieren – die ganze Blüte ist essbar –, mit etwas geschlagener Sahne oder dickem Joghurt, gerne mit ein paar Löffeln Holunderblütensirup und der geriebenen Schale einer Bio-Zitrone verrührt!

Einfache Sojamilchpfannkuchen

Von den alternativen Milchsorten, die man kaufen kann, ist Sojamilch vom Nährstoffgehalt und ihren Eigenschaften nach Kuhmilch am ähnlichsten. Soja hat einen hohen Proteingehalt und eignet sich gut als Ersatz für Kuhmilch bei der Essenszubereitung.

• • •

- 3 – 4 Eier
- 4 EL Rohrzucker (kann auch weggelassen werden)
- 1 Vanilleschote
- 1 ½ Tassen fein gemahlenes Mehl von Dinkel oder Weizen
- eine Prise Salz
- 600 – 700 ml Sojamilch naturell
- Rapsöl, Butter oder Kokosöl extra vergine zum Braten

• • •

Eier und Zucker in eine tiefe Schüssel geben. Die Vanilleschote längs aufschneiden und das Mark in die Schüssel kratzen. Alles zusammen schaumig schlagen. Die halbe Milchmenge unterrühren, Mehl und Salz zugeben und zu einem geschmeidigen, glatten Teig verquirlen. Zum Schluss die restliche Sojamilch unterrühren und den Teig eine Stunde ruhen lassen. Die Pfannkuchen in Rapsöl, Butter oder Kokosfett backen, bis sie von beiden Seiten schön goldgelb sind.

Servieren Sie die Pfannkuchen direkt aus der Pfanne mit rosenroter Feigenkonfitüre (S. 133), roh gerührten Beeren, Zimt-Apfelmus (S. 132), Agaven-, Ahorn- oder Reismalzsirup, dickem Joghurt und etwas fein gehackten Mandeln oder Nüssen.

Mittsommerpfannkuchen

Pfannkuchen laden zum Verzieren ein. Blanke, helle Flächen, die man nach Lust und Laune bestücken kann – mit Salzigem und Süßem, heiß und lecker. Als Verlängerung der Holunderblütenzeit habe ich in einem Sommer mein halbes Blumenbeet über meine Pfannkuchen gestreut. Ich hatte noch reichlich Teig übrig, aber keine Holunderblüten mehr, und so schaute ich mich im Garten nach anderen hübschen Schmuckstücken um. Das Resultat war eine botanisch üppige Auswahl an Rosenblüten in Gelb, Weiß und Tiefrot, Malven, Veilchen, Ringelblumen und Gurkenkraut. Viele Gartenzierpflanzen sind essbar, und Blüten im Essen sehen nicht nur hübsch aus, die meisten schmecken auch fantastisch und sind unserer Gesundheit zuträglich. Also, nichts wie raus in den Garten und Sonne über die Mittsommerpfannkuchen streuen!

• • •

3 – 4 Eier

4 EL Rohrzucker (kann man weglassen)

1 Vanilleschote

1 ½ Tassen fein gemahlenes Mehl von Dinkel oder Weizen

eine Prise Salz

600 – 700 ml Sojamilch naturell oder andere geeignete Milch

Rapsöl, Butter oder Kokosöl extra vergine zum Braten

• • •

Sie können genauso gut jedes andere Grundrezept für Pfannkuchen nehmen.

Das Bratfett in einer guten Pfanne erhitzen und den Teig hineingeben. Die Blüten darüberstreuen, auf der einen Seite fertig backen und dann wenden. Den sommerbunten Pfannkuchen mit Schlagsahne oder Joghurt servieren, gerne mit ein paar untergerührten Blütenblättern, die Sie übrig haben.

Kichererbsen-Crêpes

Dünn, knusprig, etwas scharf und gewürzt mit einem Hauch Indien.

Dazu werden Minz-Raita, fein gehackter Gurkensalat und eine Tasse grüner Tee gereicht.

• • •

- 250 g Kichererbsenmehl
- 750 ml kaltes Wasser
- 2 EL schwarze Sesamkörner oder Nigellasamen (Schwarzkümmel)
- 2 EL Senfkörner
- 4 TL der unten beschriebenen Gewürzmischung
- 1 grüne frische Chilischote, fein gehackt
- 1 rote frische Chilischote, fein gehackt
- Kokosöl extra vergine, Butterschmalz oder Rapsöl zum Backen

Die Chilischoten längs aufschneiden, die Kerne entfernen und fein hacken. Kichererbsenmehl, Chili, Sesamkörner oder Nigellasamen, Senfkörner und die Gewürzmischung (siehe unten) in einer Schüssel vermengen. Wasser zugießen und zu einem geschmeidigen, glatten Teig verquirlen. Die Schüssel abdecken und 30 bis 40 Minuten ruhen lassen. Der Teig kann problemlos einen Tag vorm Backen der Pfannkuchen vorbereitet werden.

Erhitzen Sie das Bratfett in einer guten Bratpfanne. Gießen Sie etwas Teig in die Pfanne und verteilen Sie ihn gleichmäßig dünn. Den Pfannkuchen auf beiden Seiten goldgelb backen.

Gewürzmischung

• • •

- 1 EL grobes, unraffiniertes Meer- oder Steinsalz
- 1 EL ganzer Kreuzkümmel
- 1 EL Koriandersamen
- 1 EL Curry
- 1 EL Kurkuma

Alle trockenen Zutaten in einen Mörser geben und zerstampfen, bis das Salz feinkörnig ist. Sie können die Zutaten auch in einer elektrischen Mühle, einem Standmixer oder mit dem Stabmixer zerhäckseln. Die Gewürzmischung in ein verschließbares Glas umfüllen.

Diese Gewürzmischung eignet sich auch zum Würzen von Knäckebrot!

Minz-Raita

• • •

- 1 Tasse fein gehackte Minze
- 250 ml Naturjoghurt
- Salz

Alle Zutaten gut verrühren und der Minze eine halbe Stunde oder über Nacht Zeit lassen, ihren Geschmack an den Joghurt abzugeben.

Eier

In vielen Teilen der Welt ist das Ei *das* Symbol fürs Frühstück. Vielleicht hängt das damit zusammen, dass vielerorts der neue Tag lauthals vom Hühnerhof begrüßt wird. Aber auch aus Ernährungsperspektive ist ein Eierfrühstück eine solide Grundlage für einen arbeitsintensiven Tag. Das perfekte Oval enthält viele der Stoffe, die unser Körper braucht, um in Gang zu kommen und durchzuhalten. Es ist reich an vollwertigen Proteinen, A-, D- und B-Vitaminen, Eisen, Phosphor und Selen. Eier sind vielseitig verwendbar und rasch zuzubereiten.

Frittate, Tortilla, Omelette, gestocktes Ei, Rührei mit Gemüse: die Vielfalt der Namen und Inhalte ist schier unerschöpflich. Nehmen Sie, was Sie an Gemüse, roh oder gekocht, zur Hand haben. Probieren Sie verschiedene Zwiebelsorten aus, Aubergine, Zuckererbsen, Bohnen, Brokkoli, Paprika und Tomaten jeder Farbe und Fasson, Chilischoten, Petersilie, Sellerie, Kräuter, Käse jeder Art – und nicht zuletzt Reste vom letzten Essen. Und nennen Sie das Ergebnis, wie Sie wollen.

Spinat-Frittate

Dies ist eines der einfachsten Gemüseomelettes aus meinem Repertoire. Das Zusammenrühren und Braten dauert nicht länger, als drei Scheiben Brot zu bestreichen und ein Lunchpaket fertig zu machen. Aber Sie halten viel länger durch mit einer Portion Ei und Gemüse im Bauch. Packen Sie die übrig gebliebene Hälfte des Omelettes einfach mit etwas Rohkost für die Mittagspause ein.

• • •

Für zwei Portionen brauchen Sie:

¼ gelbe Zwiebel oder 2 Schalotten, evtl. ein Stück Porree oder Frühlingszwiebel

gutes Olivenöl extra vergine oder anderes Bratfett

zwei Handvoll grob gehackte, frische Spinatblätter, gründlich gewaschen und abgetropft

3 Eier

unraffiniertes Meer- oder Steinsalz

frisch gemahlener schwarzer Pfeffer aus der Mühle

• • •

Erhitzen Sie das Öl in einer guten Bratpfanne. Die Zwiebel in Boote schneiden und im Öl andünsten, bis sie weich sind. Den grob gehackten Spinat in der Pfanne verteilen und ab und zu umrühren, bis die Blätter zusammenfallen. Die Eier verquirlen und über den Spinat und die Zwiebeln gießen. Wenn das Ei zu stocken beginnt, vorsichtig mit einem Bratenwender die Ränder zur Mitte klappen. Ist das Eiweiß fest genug, das Omelette wenden und einige Minuten die andere Seite backen. Zum Schluss salzen und mit Pfeffer aus der Mühle würzen.

Omelette Malabar

• • •

3 Eier
½ gelbe Paprika
½ orange Paprika
½ grüne Paprika
2 kleine Frühlingszwiebeln
½ frische grüne Chilischote
½ frische rote Chilischote
2 EL Kokosöl extra vergine

Eine Frühstückserinnerung: Eine große, blutrote Apfelsine steigt aus dem Indischen Ozean, ein neuer Tag bricht an. Zuerst bekomme ich einen großen Obstteller mit Cherimoya, Minibananen, Ananas, Granatapfel und Papaya mit Limette. Hinter Strohmatten klirren Tassen und Schüsseln, Lachen ist zu hören, Wasserplätschern, das Zischen der Gasflamme. Die Luft zieht in einer warmen Brise voller Aromen von heißem, frischem Kokos, Chili und Zwiebeln vorbei, und im nächsten Augenblick liegt eine große, gelbe Sonne vor mir auf dem Tisch, voll mit fein gehackten Frühlingszwiebeln und Paprika in allen Farben.

• • •

Frühlingszwiebeln, Paprika und Chili fein hacken. Öl in einer guten Bratpfanne erhitzen und das Gemüse ein oder zwei Minuten anbraten. Die Eier leicht verquirlen und in die Pfanne gießen. Langsam mit einem Bratenwender oder einer Gabel die Ränder zur Mitte ziehen, damit das hochgedrückte Öl wieder unter das Omelette fließen kann. Sobald die Eimasse so weit gestockt ist, dass sie sich mit dem Bratenwender anheben lässt, umdrehen und eine Minute auf der anderen Seite braten. Salz und Pfeffer auf den Tisch stellen und mit Avocado- und Gurkenscheiben servieren.

Einfaches Bauernomelette auf spanische Art

Bauernomelette kann jederzeit mit weiteren Zutaten bereichert werden. Sehr gut macht sich eine Haube geriebener Manchego, flankiert von knackigen Gurkenscheiben und sonnenreifen Tomaten mit ein paar extra Tropfen Olivenöl oder einer guten Chorizo oder Seranoschinken.

Erhitzen Sie das Öl bei mittlerer Temperatur in einer guten Pfanne. Die Kartoffelscheiben in der Pfanne verteilen und die Zwiebelboote darauflegen. Die Kartoffeln jeweils ein paar Minuten auf beiden Seiten braten, bis sie anfangen, weich zu werden. Die Eier gut verquirlen und über die Kartoffeln und Zwiebeln gießen. Die fein gehackte Petersilie darüberstreuen, die Platte auf die kleinste Stufe stellen und einen Deckel auf die Pfanne setzen. Lassen Sie das Ei so weit stocken, dass Sie das Omelette mit einem großen Bratenwender in einem Stück wenden können. Lassen Sie es etwa eine Minute auf dem Bauch ausruhen, abschließend salzen und pfeffern. Servieren Sie das Omelette heiß oder lassen Sie eine Hälfte abkühlen, um für die Mittagspause auch noch etwas Leckeres zu haben.

• • •

Für 2 – 4 Portionen brauchen Sie:

2 EL gutes Olivenöl extra vergine

2 – 3 rohe Kartoffeln, geschält und in dünne Scheiben geschnitten

3 Eier

½ gelbe Zwiebel, in Boote geschnitten

1 EL fein gehackte glatte Petersilie

unraffiniertes Meer- oder Steinsalz

schwarzer Pfeffer aus der Mühle

Omelette Romiguères

• • •

Eier

gutes Olivenöl extra vergine

unraffiniertes Meer- oder Steinsalz

frisch gemahlener schwarzer Pfeffer

Das einfachste Omelette der Welt – mein Sonntagsfavorit, der im Handumdrehen serviert ist! Ich mache meist zwei bis drei Eieromelettes.

• • •

Nehmen Sie eine kleine Bratpfanne, in der das Ei nicht anbrennt. Reichlich Öl in die Pfanne geben und erhitzen. Die Eier mit einer Gabel in einer Schüssel schlagen und in das heiße Öl gießen. Dabei mit der Gabel so um den Rand des geschlagenen Eis fahren, dass es zur Mitte gefaltet und das Öl untergemischt wird. Wenn die Eimasse so weit gestockt ist, dass man einen Bratenwender darunterschieben kann, schnell wenden und das Omelette auf der anderen Seite kurz braten. Salz und Pfeffer auf den Tisch stellen und heiß servieren.

Lulus gnadenreiche Schnurrpfeifen mit grünen Kurven

• • •

14 – 18 dampfend frische Sonntagsschnurrpfeifen.

Teig:

2 ½ Tassen fein gemahlenes Dinkelmehl und etwas extra Mehl zum Ausbacken

2 ½ Tassen feines Vollkornmehl von Einkorn, Emmer, Dinkel oder Weizen

50 g Trockenhefe

1 TL unraffiniertes Meer- oder Steinsalz

400 ml lauwarmes Wasser

Füllung:

1 große Tasse fein gehackte glatte Petersilie

3 – 4 Knoblauchzehen, geschält und halbiert

ca. 100 ml Olivenöl extra vergine

1 – 2 TL unraffiniertes Meer- oder Steinsalz

ca. 200 g reifer Chèvre oder andere Lieblingskäse, gern auch eine Mischung mehrerer Sorten

ca. 100 g gehackte Walnüsse

Pfeffer aus der Mühle

Diese unwiderstehlichen Versuchungen stammen von einem Ort, wo die Heizerin Lulu neun Feuerstellen zu versorgen hat – unter einem Schieferdach von den Ausmaßen eines Binnenmeeres, das jeden Moment einzustürzen droht. Auf dem Dachboden hängen Fledermäuse schläfrig unter den Dachbalken, während die Mauersegler in zwei roten Giebeln Hof halten. Die Heizerin hat Ausblick auf einen echten Elfenwald, auf deren Lichtung Kraniche tanzen und an dem der Pilgerpfad in einem Bogen vorbeiführt. Wenn Lulu auf der Treppe sitzt, kann sie einfach nur sein oder, wenn sie es möchte, dem Bach bis runter zum Biberschloss folgen, eingerahmt von Moos und Vogelnestern und Bäumen, die die Westsonne abschirmen – ein begnadeter Ort mit hohen Decken, wo die Frühstücke bis lang in den goldenen Tag hinein dauern.

...

Mehl, Salz und Hefe in einer Backschüssel mischen. Das lauwarme Wasser zugießen und zu einem geschmeidigen Teig verkneten, den man dann auf doppeltes Volumen gehen lässt. Währenddessen fein gehackte Petersilie, Salz und Knoblauch in einem großen Mörser grob zerstampfen und nach und nach das Öl zugießen, bis die Paste leicht flüssig ist.

Den Teig, wenn er ordentlich gegangen ist, auf einer bemehlten Arbeitsfläche zu einem dicken, länglichen Fladen ausrollen. Die Kräuterpaste mit einem Backpinsel darauf verstreichen, Scheiben vom Käse hobeln und gleichmäßig verteilen. Zum Schluss die gehackten Walnüsse darüberstreuen und mit frisch gemahlenem Pfeffer würzen.

Rollen Sie den Teig von der langen Seite auf und schneiden Sie die «Wurst», die dadurch entstanden ist, in ca. 2 – 3 cm dicke Scheiben. Den Backofen auf 225 °C vorheizen und währenddessen die Schnecken auf einem mit Backpapier ausgelegten Backblech etwa eine halbe Stunde gehen lassen, dann auf mittlerer Schiene ca. 15 – 18 Minuten backen. Lassen Sie sie auf einem Rost abkühlen – wenn Sie so lange warten können!

Die Schnecken lassen sich wunderbar einfrieren und bei mittlerer Temperatur im Ofen wieder auftauen, falls Sie sie nicht gleich essen wollen – zum Beispiel für das nächste Sonntagsfrühstück!

Lulus Schnurrpfeifen sind wie gemacht für Safranbirnen (S. 166) und ein Glas Perl- oder Dessertwein!

Ball der Safranbirnen

Ein Genuss für Auge und Gaumen, um den sich ein ganzes festliches Frühstück spinnen lässt.

• • •

- 6 – 8 Birnen
- 1 l Wasser
- 250 g Blütenhonig, z.B. Akazienhonig
- 1 g Safran
- 1 Messerspitze grober Zucker
- 1 daumenlanges Stück frischer Ingwer, geschält
- Mark einer Vanilleschote

• • •

Zerstoßen Sie die Safranfäden zusammen mit dem Zucker in einem Mörser. In einem breiten, dickbödigen Topf Wasser aufkochen. Die Hitze ausstellen und den Topf von der Platte nehmen. Nun Honig und Safran, geriebenen Ingwer und das Vanillemark einrühren. Die Birnen schälen, aber den Stiel stehen lassen (s. Foto). Schneiden Sie den Boden weg, damit die Birnen sicherer stehen, wenn sie in ihr Wasserbad gestellt werden. Fassen Sie die Birnen am Stil und stellen Sie sie nebeneinander auf den Topfboden in das Safran-Ingwer-Honig-Wasser. Bei niedriger Temperatur ca. 35 Minuten köcheln oder bis die Birnen weich sind, ohne zu zerfallen. Die Birnen in der Flüssigkeit abkühlen lassen, ehe Sie sie servieren. Wenn Sie sie zu einem späteren Zeitpunkt zum Einsatz bringen wollen, bewahren Sie sie so lange in der Flüssigkeit in einem verschließbaren Glas auf. Kühl und dunkel lagern, während sie darauf warten, zum Tanz aufgefordert zu werden …

… zum Walzer der goldgelben Birnen gesellen sich gern ein lauwarmer Chèvre, geröstete Walnüsse oder ein feiner, flüssiger Honig. Und als Krönung dazu ein Gläschen Perl- oder Dessertwein?

Ofen-Chèvre

• • •

- 1 reifer Chèvre mit Rinde
- flüssiger Honig
- eine Handvoll grob gehackte Walnüsse

• • •

Den Ofen auf 200 °C vorheizen und eine runde Scheibe Chèvre (mit Rinde) in eine feuerfeste Form oder mit Backpapier auf ein Backblech legen. Auf mittlerer Schien 10 – 15 Minuten backen oder bis der Käse zu zerlaufen beginnt und in der Mitte weich ist. Den Käse auf einem kleinen Teller anrichten, großzügig Honig darüberträufeln und mit den Walnüssen bestreuen.

Fabians fröhliche Festfrüchtchen

«Was kommt deiner Meinung nach in den besten Obstsalat der Welt?», frage ich meinen elfjährigen Sohn Fabian. Er steht hinter meinem Stuhl und massiert seiner glücklichen Mutter die Schultern, die am Computer sitzt und ihr Frühstücksbuch schreibt.

«Er soll für ein Fest sein, und du darfst aussuchen, was reinkommt», sage ich.

«Im Ernst?!», ruft er fröhlich. Und dann zählt er auf, und uns läuft das Wasser im Mund zusammen:

Liebesfrucht (Litchi)
Brombeere
Granatapfel
Grapefruit
Zwiebel? Ein Scherz, haha!
Banane
Und wenn es nun nicht schmeckt!?
Avocado
Kiwi
Blutorange
Apfel
Himbeere
Erdbeere
Blaubeere
Melone
Pflaume
Birne
Feige
Ringelblume
Rosen
Walnüsse
Mandeln
Petersilie?
Haha – nein!
Minze!

«Und, schmeckt das?»

«Es gibt nur eine Möglichkeit, das rauszufinden», sage ich.

Damit verlässt der Komponist den Raum, um nachzusehen, was wir für die Uraufführung des Werkes brauchen.

«Ach übrigens, Fabian, was gibt es zu dem Salat?»

«Wie wär's mit Holunderblütensaft? Und einem dicken, fetten, griechischen Joghurt!»

Fisch für Frühaufsteher

Ende August hatte ich das Vergnügen, mit Svein in der spätsommerliche Morgenröte aufs Meer hinauszufahren. Als die Sonne gelb und rund über dem Horizont stand und wir mit glänzend frischem Silber an Land kamen, hat er mir beigebracht, wie man es in dem kleinen Räucherofen, den er extra zu diesem Anlass mitgebracht hatte, in butterzartes Gold verwandelt.

- den Fisch ausnehmen und abspülen und gut mit Meersalz einreiben, innen und außen
- Holzspäne und Wacholderholz auf dem Boden der Räucherkammer entzünden
- den Fisch auf einen Rost legen und über den Holzspänen feststecken
- den Fisch 15 – 20 Minuten räuchern, bis das Fleisch sich leicht von den Gräten lösen lässt.

Haben Sie wie ich das Glück, mit einem Fischer oder Angler befreundet zu sein, dann lassen Sie sich zu einem Angelausflug einladen, wenn die Makrelen unterwegs sind. Oder schlafen Sie etwas länger und schauen Sie am Kai nach, was die Kutter Gutes mitgebracht haben. Oder seien Sie zur Stelle, sobald Ihr Fischhändler öffnet, und sichern Sie sich den einen oder anderen fetten Leckerbissen aus seiner Theke. Nehmen Sie den Fisch und nette Gesellschaft mit in den Park, auf den Balkon, auf den Steg oder auf den Berg. Während der Fisch räuchert, können Sie Räubergeschichten erzählen, Knäckebrot aus dem Rucksack zaubern, eine Salatgurke aufschneiden und sich auf ein Frühstück freuen, von dem noch lange gesprochen werden wird!

Frühstück im Bett

Ein Familienmitglied hat Geburtstag, feiert ein besonderes Ereignis, liegt krank im Bett, kann dringend eine Überraschung gebrauchen oder verdient aus unzähligen anderen Gründen, das Frühstück im Bett serviert zu bekommen.

Da das Früchtebrot einen Tag nach dem Backen noch besser ist, eignet es sich hervorragend als Bettfrühstück (wenn Sie großzügig über die Krümel hinwegsehen). Backen Sie das Früchtebrot ruhig ein oder zwei Tage vorher und richten Sie die dick geschnittenen Scheiben auf einem hübschen Teller an. Daneben können Sie ein Schälchen mit leckerer Kräuterbutter oder einen Lieblingskäse des Jubilanten stellen und ein hohes Glas dampfenden Ingwertrank aus Apfelmost oder eine große Schale dampfend heißen Sojachai oder Sojaschokolade – auf dem Tablett mit einer Kerze und einer Blume!

Bananen-Kardamom-Brot mit Honig, Ronjas rubinrote Muffins und Hafermuffins mit Lieblingsfüllung passen ebenfalls auf das Frühstück-im-Bett-Tablett. Und wenn Sie ein richtiger Frühaufsteher sind, zaubern Sie Lulus gnadenreiche Schnurrpfeifen mit grüner Käsefüllung!

Kräuterbutter

Verrühren Sie alle Zutaten mit einer Gabel oder im Mixer.

200 g Butter, Zimmertemperatur
Mark einer Vanilleschote
1 gestrichener TL frisch zerstoßener Kardamom
1 gestrichener TL zerstoßener Zimt
geriebene Schale einer Bio-Zitrone
geriebene Schale einer Bio-Apfelsine

Frühstückstafel

Wenn der Jubilant keine Krümel im Bett mag oder falls so viele Gäste oder Leckereien da sind, dass der Platz im Bett nicht reicht, decken Sie drinnen oder im Freien eine lange Tafel mit den Köstlichkeiten, mit Blumen, Musik und guten Wünschen. Ein großer Korb mit Knäckebrot in allen Varianten mitten auf dem Tisch oder im Gras, Olivenbutter und Schüsseln und Schalen mit selbst gemachtem Frischkäse mit Knoblauch, Petersilienfeta, Avocadocreme, Geflügelleberpastete, rosenroter Feigenkonfitüre, Apfelsinentapenade, Pesto mit und ohne Käse, italienischer Clown-Aufstrich, Rosmarinpüree, Linsenpastete und Feigenmarmelade. Vielleicht macht ja jemand ein Omelette Romiguères für die, die Appetit drauf haben, während der Tee zieht und der Kaffee durchläuft. An einem so gedeckten Tisch hält man es lange aus.

Bretonische Inspiration

Ein großes Glas heißer Cidre und frisch gebackene Buchweizenpfannkuchen direkt aus der Pfanne! Rühren Sie einen Schuss Calvados in den Ahornsirup. Dazu ein Schälchen zerbröselter Ziegenfeta, in Honig geröstete Walnüsse oder Esskastanien und ein Glas selbst gekochtes Zimt-Apfelmus. Jetzt noch alle Kerzen anzünden, die Sie finden können. Santé!

In Honig geröstete Walnüsse

• • •

- ca. 150 g flüssiger Honig
- 2 Tassen Walnüsse (alternativ Pekannüsse, Mandeln, Haselnüsse oder Esskastanien)
- ½ TL unraffiniertes Meer- oder Steinsalz
- evtl. einen Schuss Calvados, Armagnac oder Cognac

Walnüsse grob hacken und in eine heiße Pfanne geben. Den Honig darüberträufeln und gut vermischen. Die Nüsse ein paar Minuten im Honig brutzeln lassen. Den Alkohol dazugeben und ein paar Minuten einköcheln lassen. Mit Salz würzen, gut verrühren und in eine Schale füllen.

Esskastanien gewinnen, wenn man sie in Honig röstet. Die Schale am oberen Zipfel kreuzweise einritzen und eine halbe Stunde bei 200 °C auf dem Backblech im Ofen backen. Die Kastanien so weit abkühlen lassen, bis Sie sie schälen können. Grob hacken und wie die Walnüsse zubereiten.

Ein Mittsommer-Frühstückstraum

Gehen Sie raus in den Garten, in den Wald, auf die Wiese oder zum Nachbarn – und füllen Sie einen Korb mit essbaren Blüten aller Art, rühren Sie eine große Portion Pfannkuchenteig an (S. 155) und streuen und tunken Sie Blüten und Blätter über und in den Teig, bevor Sie ihn goldgelb backen, und schmecken Sie den Sommer!

Wenn Sie Lust auf Ausflugspfannkuchen an einem Wintermorgen haben, schnallen Sie Ihre Skier unter, packen Sie ein paar Holzscheite in den Rucksack – und los geht's. Vielleicht entdecken Sie ja unterwegs das i-Tüpfelchen für Ihren Pfannkuchenteig: Tannensprossen oder Wacholder. Machen Sie ein kleines Lagerfeuer oder werfen Sie den Campingkocher an und kitzeln Sie mit dem Duft von frisch Gebackenem die Geruchsnerven anderer Frühaufsteher. Vielleicht kommt ja jemand vorbei, den Sie spontan zum Frühstück einladen können!

Barcelona-Erinnerungen

Wir haben die Zehen in dem fast heißen Sand vergraben, am Meer, wo die späte Morgensonne auf den Wellen glitzert. Salzwasser tropft aus unseren Haaren, es ist Frühling, und das Bad war nur teilweise lustbetont. Ein Stück entfernt spielt ein Hund, ein paar Surfer reiten auf der Dünung. Der Fahrrad-Picknickkorb mit der Marktbeute wird auf einem zerknitterten, blassblauen Leinentuch mit gelben Punkten ausgepackt – ein Schälchen Minzmelone, ein großes und gelbes Stück Manchego, sonnenreife Tomaten und in einer Jugendherbergsküche zubereitetes Bauernomelette. Später radeln wir quer durch die Stadt, vorbei an Straßenkehrern, Touristen, Musikanten, Balkonen mit Trockenwäsche, drei Mädchen auf Rollschuhen, einem Flohmarkt, trägen Katzen in der Frühlingssonne, irrsinnigen Hausfassaden, Kirchenräumen, einem Taubenschwarm, Marktplätzen, unseren eigenen Schatten, Schaufenstern, einem Blumenmarkt und was einem sonst noch an so einem Februartag in einer so wundervollen Stadt vor die Räder kommt.

Und wenn der warme Sand wie ein Paar Pantoffeln ist und die Morgensonne durch ein Fenster fällt, wenn der Hund auf der Veranda der Nachbarn liegt und das zerknitterte Tuch grün statt blassblau ist, dann freuen Sie sich auf ein Bauernomelette, das direkt aus der Pfanne noch besser schmeckt – in so heißem Öl gebacken, dass das Salz darin schmilzt!

Katalanisches Quittengelee

Die Quitte ist eine Art Ur-Apfel; sie wurde schon von den alten Römern vielseitig verwendet und war wegen ihres Aromas sehr geschätzt. Dieses Gelee passt zu jedem kräftigen, würzigen Käse.

• • •

2 Quitten
ca. 1 l Wasser
150 g Rohrohrzucker

• • •

Die Früchte gründlich waschen und in kleine Stücken schneiden. Die Quittenstücke mit Kernen und allem in einen Topf geben und mit Wasser bedecken. 20 Minuten köcheln lassen, bis die Frucht weich ist. Das gekochte Fruchtfleisch mit einem Kartoffelstampfer stampfen oder mit dem Stabmixer zu einem groben Mus zerkleinern. Das Mus in ein Sieb geben und den Saft in einem breiten Topf auffangen. Pressen Sie so viel Saft durch das Sieb wie möglich und kochen Sie den Saft auf. Zucker zugeben und weitere 20 Minuten köcheln lassen. Die angedickte Soße in Deckelgläser umfüllen.

Danke!

Ein gewöhnlicher Vormittag in meinem «Büro» ist jedes Mal anders als am Tag zuvor. An einem Tag spielt mein mitten auf dem Küchentisch platzierter Mac laut Joni Mitchells Blue, es hängen Rotkehlchen an den Meisenknödeln, die ich in der Eiche aufgehängt habe, und die Sonne schafft es mit Mühe durch den Zaun hinter der überfrorenen Hollywoodschaukel im hinteren Teil des Gartens und zum Fenster herein. Im Ofen backt mein Experiment des Tages – Walnuss-Zimt-Knäcke mit Ahornsirup –, und auf der Arbeitsplatte steht ein Einmachglas mit dampfend heißem Apfelmus. Die Kamera steht auf drei Beinen, im Kamin brennt ein Feuer, und ich verspüre plötzlich Appetit auf Calvados. An einem anderen Tag sind die Meisenknödel im dichten Nebel nicht zu sehen, und Tarzan hat alle kleinen Vögel verjagt. Mein Experiment hat den Wunsch in mir geweckt, was ganz anderes zu machen, weit weg von der Küche, ich schreibe über alles Mögliche, nur nicht übers Essen, und nun füllen Hamlet Gonashvili oder Nick Drake den Raum. Jeder Tag entfaltet sich mit den neuen Experimenten, ganz unterschiedlich, mehr oder weniger gelungen. An manchen Tagen gibt es keine Experimente, keine guten Ratschläge, keine Bilder und keine Texte, aber dafür durchgängig Musik. Jeden Tag Musik. Ohne Musik wäre mein Leben eng, arm, kleiner – und ich könnte niemals diese endlos vielen Stunden in meiner Küche, am Arbeitstisch, an der Tastatur, am Bildschirm oder hinter der Kamera aushalten und etwas Kreatives schaffen.

Also, habt Dank, Joni und Hamlet, Emmylou Harris, Neil Young, Keith Jarrett, Johann Sebastian Bach, Arvo Pärt, Jeff Bridges, Susanne Sundfør, Laleh, Ali Farka Touré, Chet Baker, Janis Ian, John Field, Nick Cave, Jan Garbarek, Zakir Hussain, Tom Waits, Nina Simone, Jan Johansson, Torun Eriksen, Yann Tiersen, Johnny Cash, Bob Marley, Glenn Gould, The Beatles, Dusty Springfield, Cornelis Vreeswijk, Alka Yagnik, Bob Dylan, Leonard Cohen, Antonio Vivaldi, Ane Brun, Monica Zetterlund, Elvis Costello, Evert Taube, Pink Floyd, Gjermund Larsen Trio, Stan Getz, The Pretenders, Dean Martin, John Martyn, Prince, Fairport Convention, Kroke & Nigel Kennedy, La Lupe, Sandy Denny, Duke Ellington, Håkan Hellström, Rickie Lee Jones, Astor Piazolla, Cowboy Junkies, Peter Tosh, Ella Fitzgerald, Sting, Misha Maisky, Sivert Høyem, Jarle Gudmundsen, Lou Reed, Emiliana Torrini, Fairouz, Don McLean, Goran Bergovic, Michail Glinka, Bruce Springsteen, Ingrid Olava, Wolfgang Amadeus Mozart, Abba, Joao & Astrud Gilberto, Erik Satie, Lars Danielsson, Tom Jones, Heitor Villa-Llobos, Marianne Faithful, Mikael Wiehe, Miles Davis, Michael Nyman, Georg Friedrich Händel, Melody Gardot, Miriam Makeba, Live Miranda Solberg, Peter Gabriel, Sondre Bratland, Ry Cooder, Charlie Parker, Thomas Dybdal, Patsy Cline, The Waterboys, Elvis Presley, Christel Alsos, Joan Baez, Stevie Wonder, Zbigniew Preisner, Wyclef Jean, Lynni Treekrem, Dolly Parton, Giovanni Battista Pergolesi, Billie Holliday, Jonathan Richman und alle anderen Musikschaffenden, dass ihr meine Welt mit euren Werken bereichert!

Danke, Mutter Erde, für meinen Platz auf diesem fantastischen Planeten, danke, all ihr Versuchskaninchen und Anfeuerer zu Hause und in der Ferne, und dir, Tarzan Antonionius Baghera von Persson, für deine Gesellschaft!

Und zum Schluss einen besonders dicken Dank an meine Schätze Fabian, Emma, Oskar und den besten Mann im ganzen wilden Westen. Danke für eure Geduld und dass es euch gibt – ich liebe euch und bin euer größter Fan!

Camilla

Register

Rezepte sind farbig hervorgehoben.

Die Autorin

Camilla Jensen, geboren 1967, lebt mit ihren Kindern und einer Katze auf einer Halbinsel außerhalb von Oslo. Nach ihren Studien in Medizin und Ernährung widmet sie sich jetzt vor allem dem Kochen, Fotografieren und Schreiben. Ihre Kochbücher kreiert sie in ihrer privaten Küche, wo sie auch Kochkurse gibt. Sie hat bereits das Buch *Bønner og Linser (Bohnen und Linsen)* veröffentlicht und arbeitet derzeit an einem vegetarischen Kochbuch.

192 Seiten, durchgeh farbig, geb.
ISBN 978-3-7725-2521-6

«Carolyn und Chris Caldicott sind im Auftrag der Royal Geographical Society, der BBC und der Times bis ans Ende der Welt gereist. Wie die alten Entdecker haben sie sich ins Abenteuer der Genüsse gestürzt, die buntesten Rezepte erbeutet (112 an der Zahl) und ihre vegetarischen Leidenschaften mit erhellenden Reiseberichten garniert: Ein Linsen-Reisgericht vom Annapurna, ein Regenwaldgemüse aus Borneo mit Kurkuma, Mandeln und Blumenkohl. Ein dunkelrotes Gemüse aus Rajasthan wird in einer Mohnsoße serviert, von Auberginen in einer Soße aus pürierten Datteln haben wir noch nie gehört, geschweige denn gegessen. So schmeckt die Welt …
Dieses kleine Kochbuch kann zaubern. Es verwandelt unsere Teller in ein einzigartiges, wohlschmeckendes Abenteuerland.»

Frank Brunner, Deutsches Institut für Koch- und Lebenskunst

Verlag Freies Geistesleben